사랑의 가도

사랑의 각도

매일 밤 연애소설을 쓰는 할머니로 살고 싶어

양선희 지음

차례

립스틱, 아니 향수를 짙게 뿌리고	009
삶은 찬란하다	013
아무튼, 연애소설!	022
수첩과 카메라	030
판타스틱 서울	037
살구나무 예찬	047
개복숭아에 관한 단상	055
나는 정원을 사랑한다	064
눈 속에 핀 장미여!	072
새를 기다리는 시간	078
사랑의 각도	085
말 걸기에 관한 단편	091
단풍선생	100

나의 '약방 할매'	109
태양의 위로	118
마시고, 춤추고, 감탄하라	124
작지만 소중한 것	134
웃음에 관한 수다	143
고독의 심연을 건너는 법	149
나무는 자란다	161
월동하는 식물의 힘	170
살게 하는 맛	180
내 사랑 '하로'	189
읽는 힘, 쓰는 힘	202
연애소설 쓰고 있어요	211

립스틱, 아니 향수를 짙게 뿌리고

 우리 집 현관문 나서기 전 오른쪽 벽에는 원목으로 만든 작은 선반이 있다. 선반에는 개성을 뽐내는 향수병들이 진열되어 있다. 화장하고, 옷 차려입고, 액세서리 착용한 뒤 외출 준비를 마무리 짓는 장소가 바로 향수 진열대 앞이다. 그날의 기분, 날씨, 만날 상대에 따라 다른 향수를 선택한다. 그 습관을 지닌 지는 꽤 오래되었다.

 갓 볶은 원두를 분쇄해 핸드드립커피나 에스프레소 혹은 아메리카노를 만들어 파는 일을 시작한 뒤에는 향수 쓰는 일을 중단했다. 행여 내가 쓴 향수로 인해 커피 향을 제대로 감별하지 못하거나 향기로운 커피를 만들지 못할까 봐, 그런 결정을 내린 것이다. 카페 운영을 그만두면 그때 다시 향수 골라 쓰는 재미를 누리지 않을까 싶다.

향수 수집하는 취미를 없애지는 않았다. 가끔 새로 출시된 향수를 사 포장을 뜯어 선반에 올려둔다. 나에게 어울릴 법해 골랐다는 향수를 선물 받으면 기뻐서 호들갑을 떨기도 한다. 그러고는 카페 휴무일에 향수병에 내려앉은 먼지를 닦거나 허공에 뿌린 향수의 향기를 맡고 한없이 달콤해지기도 한다. 향기는 기분 좋은 상념을 불러일으킨다.

그 시절이나 지금이나 엄마가 향수를 쓰는 건 본 적이 없다. 아버지는 언제나 향수를 쓰셨다. 오토바이를 타고, 취미로 사진을 찍고, 꽃을 키우던 아버지 공간에는 언제나 향수가 놓여 있었다. 엄마가 각 세워 다림질해 준 옷을 입은 아버지의 외출 준비 마지막 단계는 언제나 향수였다. 은단 두어 알을 고이 입에 넣고 굴리며 문지방을 나서기 전에 꼭 향수를 뿌렸다.

얼굴 화끈거리는 사춘기 시절의 추억 또한 향수와 연관되어 있다. 아버지의 멋진 차림을 완성하던 남자용 향수를 내가 듬뿍 뿌린 적이 있다. 내가 중학생이던 그때는 고등학교 평준화가 되지 않았다. 학교 당국에서는 학생들을 명문고등학교에 진학시키기 위한 프로젝트를 시행하고 있었다. 나는 그 프로젝트에 속한 열세 명의 학생 중 한 명이었다. 무리 중 예닐곱 명은 학교 밖에서도 자주 만나서 놀았다. 부모님끼리도 친구여서 거리낌 없이 친하게 지냈을 테다.

우리는 대구에서 온 미혼 여선생님 자취방에 자주 놀러 갔다. 학교에서 생물을 가르치던 선생님 자취방은 시내 정미소 옆에 있었다. 정미소와 마당을 같이 쓰고 있었다. 마당에는 담장 따라 돼지우리가 있었다. 우리 안에는 털이 새까만 토종돼지 몇 마리가 있었다.

어느 초저녁 친구들과 선생님 자취방에서 만나기로 했다. 아마 스승의 날이었는지 모르겠다. 아사로 된 샛노란 남방셔츠를 입었으니 그쯤이었으리라. 나는 두 갈래로 단정하게 묶은 머리끝부터 새뜻한 양말을 꺼내 신은 후, 집을 나서긴 전 머리볼터 발끝까지 아버지의 향수를 뿌렸다. 동맥이 지나가는 부위에만 살짝 뿌려야 하는 줄 몰랐던 나는 많이 뿌리면 좋을 줄 알고 그야말로 아낌없이 뿌렸다. 후각이 마비될 정도로 말이다. 그러고는 선생님 댁으로 갔다.

날이 어둑어둑해질 무렵 나는 자취방에서 같이 어울리

던 남학생 한 명에게 잠시 밖으로 나가자고 했다. 그러고는 우리가 대화를 나누어도 목소리가 선생님 방까지 들리지 않을 거리까지 갔다. 향수로 한껏 치장하고 간 내가 남학생에게 건넨 말은 단도직입적인 사랑 고백이었다.

"나 너 좋아해. 우리 사귈래?"

남학생은 우리 일원 중 다른 여학생과 이미 사귀고 있다고 했다. 대답에 이어 난감하다는 듯 손사래까지 쳤다. 내 얼굴이 한없이 빨개졌다. 어둠 속이기 망정이지 한낮이었다면 창피함을 숨기지 못해 더 비참했을 것이다. '그래도 저렇게 손사래까지, 너무한 거 아냐?' 그런 생각을 하다가 비로소 나는 맡았다. 나의 온몸에서 나는 향수 냄새를 뚫고 들어온 돼지우리 냄새를…….

최근 한 친구에게 그 어설픈 고백 이야기를 했더니 배꼽을 잡고 웃는다. 아버지의 향수와 돼지우리의 조합이라니! 지금도 그 일을 생각하면 얼굴이 화끈거린다. 물론 듣는 이에겐 포복절도를 선사할 수 있으니 돌이켜볼 만한 추억이 아닌가 싶기도 하다만.
하필 돼지우리 앞에서.

삶은 찬란하다

"오후 3시 50분에 창덕궁 정문에서 봐!"

약속하고 밤잠을 설쳤다. 어떤 옷을 입을까. 어떤 신발을 신을까. 거울 앞에서 옷을 몇 번이나 갈아입어 보았다. 옷에 어울리는 신발을 신어보고, 가방도 이것저것 들어보았다. 향수를 모아 둔 선반 앞에서 고민도 했다. 어떤 향수를 뿌릴까!

음악 스트리밍 앱에 새로운 플레이리스트도 추가했다. 폴더 명칭은 그의 이름과 나의 이름에서 한 글자씩 따서 지었다. 그 폴더에 음악을 골라 담았다. 한 곡 한 곡 들으면서 마음에 쏙 드는 곡을 추가했다. 그와 같이 들으려고 말이다. 4시간 4분 동안 들을 수 있는 총 58개 노래의 공통점은 달콤한 멜로디였다. 그 노래들을 먼저 들으면서 나는 애상에 빠져들었다.

평상시에는 랩톱으로 글 쓸 때 불편하지 않으려고 손톱을 바짝 깎는다. 그러나 그를 만날 약속을 잡고 손톱을 약간 길렀다. 미장원에서 머리 손질한 다음 손톱 관리도 받기 위해서였다. 색을 입힌 손톱에 반짝이는 보석도 몇 개 붙이리라. 어느 손가락에 어떤 보석을 붙일까. 내 외모를 돋보이게 할 궁리에 거울 속 내 얼굴은 반짝거렸다. 그를 만날 준비로 달뜬 나날이 꿈처럼 흘렀다.

6개월 전 한밤중에 그의 전화를 받고 나는 화들짝 놀랐다. 그는 나를 찾으려고 수소문하다가 최근에야 시민공유플랫폼인 '원주롭다'에서 내 휴대폰 번호를 찾았다고 했다. 원주에 내려와 사는 동안 교류한 사람이 극소수라 내 연락처를 구하는 게 쉽지 않았나 보다. 나는 가슴이 마구 뛰기 시작했다.

그를 마음에 품고 살지는 않았으나 나 역시 이따금 그의 소식이 궁금했다. 그의 흔적을 찾기는 어려웠다. 민주화 운동에 나서기 위해 내 곁을 떠난 그였으니, 어딘가에서 의미 있는 일을 하며 살고 있겠지. 내 인생에서 그 정도의 무게로 존재하는 사람이었다. 33년 만에 다시 들은 그의 목소리는 단번에 세월의 장벽을 무너뜨렸다. 말투는 청년기의 유머를 그대로 간직하고 있었다. 장난기 넘치고 웃음 띤 그의 얼굴이 눈앞에 있는 듯 생생했다.

그 후 그는 또다시 한밤중에 술에 취해 전화했다.
"우리가 처음 만났던 장소 기억나요?"
"음……. 내가 과거를 다 잊고 살아서……. 기억이 안 나네."
"종로 3가에 있는……. 오늘 거기 갔었어요."

취중이 아닌 때도 그는 이따금 밤늦은 시간에 전화했다. 새벽에 문자를 보내기도 했다. 이상하게도 그 대부분 시간에 내가 깨어 있었다. 보통은 잠들면 아침에 깰 정도로 깊이 자는 수면 습관을 갖고 있는데 말이다. 화장실에 가기 위해, 물을 마시기 위해 깼을 때 그의 전화나 문자를 받았다. 그래서 아예 휴대폰을 머리맡에 두고 잤다. 잠들기 전 휴대폰을 거실에 두던 습관까지 바꾼 것이다.

그가 나에게 뜨거운 말로 다시 사랑 고백을 한 건 아니었다. 대개는 문학청년 시절 나눴던 대화의 연장선에 있는 주제를 얘기하거나 문자에 담았다. 이용악, 김수영, 임화, 한용운, 김남주, 오규원, 최하림, 박두진, 로자 룩셈부르크를 입에 올리고, 시 쓰는 사람의 태도를 논했다. 나는 마치 밤새우며 문학과 인생을 논하던 문학청년으로 되돌아간 것 같았다.

내가 쓴 시에 대한 논평, 다른 시인이 쓴 시, 동영상을 볼 수 있는 링크를 보내오기도 했다. 그 링크들을 통해 나는 그가 작사한 민중가요를 감상하고, 가슴에서 피가 끓는 걸 경험하고, 울컥해져서 눈물을 쏟기도 했다. 참으로 오랜만에 느끼는 감정이었다.

그의 일터, 그가 참여하는 시민단체, 그가 살아온 행적을 단편적으로만 보아도 그는 참 잘 살아왔고, 건강하게 사는 시민 같았다. 청년 시절 품었던 원대한 꿈을 현실로 공들여 만드는 곡진한 사람 같았다. 타인의 삶과 터전이 더 나은 환경이 되도록 힘쓰고 있는 사람이었다. 그런 그가 참으로 대단해 보였다.

그는 나를 웃게 만드는 사람이었다. 나는 밥을 먹다가

도 웃고, 길을 걷다가도 웃고, 이불 속에서도 웃었다. 느닷없는 그의 출현으로 내 가슴에 분홍색 파문이 일었다. 파문은 나를 미세한 떨림의 세계로 인도했다. 식물이 성장하는 모습을 특수카메라로 촬영해 보면 식물의 끝부분이 미세하게 떨리는 걸 확인할 수 있다고 한다. 생명은 떨리며 성장하는 것이다. 인간의 삶도 식물과 다름이 없으리라. 떨림이 없다면 결코 성장하지 못하리라.

첫사랑에 빠진 사람처럼 떨리는 가슴을 갖게 된 덕분에 새로이 보게 된 사물이 많다. 그중 하나가 바람이다. 그가 바람이 소재인 다른 시인의 시를 한 편 보내온 게 실마리가 되었다. 베란다에 풍차를 설치할 정도로 평소에도 바람을 좋아하던 나는 바람과 연관된 새로운 습관을 갖게 되었다. 그건 바람에 흔들리는 사물을 녹화하는 것이다.

바람에 몸을 흔드는 풀꽃이나 식물을 만나면 나는 곧바로 걸음을 멈추었다. 그러고는 휴대폰 카메라로 그 움직임을 녹화했다. 그에게 영상을 보내기도 하고, 고요한 시간에 가만히 들여다보기도 했다. 식물은 정적일 때보다 동적일 때 더 아름다웠다. 아마도 내가 역동성을 좋아해서 그리 볼 수도 있겠다.

    그런 나날이 내 감각을 자극했다. 덕분에 세 편의 시를 썼다. 「가을 소풍」, 「천변에서」, 「옛사랑」. 그의 존재는 나를 성장시키는 또 다른 바람이 된 것이다.

    그렇게 참으로 낭만적인 타임머신을 타고 모처럼 설레는 하루하루를 보내던 중 그에게 문자가 왔다. 어머니가 위독하여 약속 장소에 나오지 못한다는 것이다. 그러면서 다음 약속 장소로 서점이 어떻겠냐고 물었다. 나에게 책을 선물하고 싶다면서 말이다. 그러자고 했다. 그러나 약속 날짜를 정하지는 않았다.

    며칠 뒤 택배가 하나 왔다. 그가 보낸 『케테 콜비츠 평전』이었다. 이로써 나는 편식을 깨는 독서를 시작했다. 일전에도 그가 내게 읽어보라며 보낸 도서 목록은 내 독서 목록에 없는 게 다수였다.

    그로부터 얼마 후 그가 원주시 사회적경제지원센터에 일을 보러 온다고 했다. 내가 운영하는 '작은책방 봄'에서 도보로 7분 거리에 있었다. 미리 가 본 그 장소의 간판을 사진으로 찍어 그에게 보내고, 어떤 교통수단으로 오는지 물었다. 기차를 타고 원주로 온다고 했다. 나는 그날의 모든 일정을 비워뒀다. 그가 업무를 보고 난 뒤 만나서 회포를 풀려고 말이다.

그런데 이번에도 우리는 마주 앉아 커피 한 잔 나누지 못했다. 공교롭게도 갑자기 중환자실에 입원한 엄마의 주치의와 면담이 그날로 잡혔기 때문이다. 나는 약속을 깨야 하는 문자를 그에게 보내야 했다. 우리는 피치 못할 현실에 안타까워했다.

그와 처음 통화한 뒤 솔직히 며칠은 나의 일상이 흔들렸다. 나도 전혀 예상치 못한 감정의 소용돌이에서 허우적거렸다. 감정을 어떻게 다스리는 게 현명한지 답을 찾아야 했다. 그래서 '올해의 운세'에서 애정운을 들여다보기까지 했다. 그로 인해 생긴 괴로움에 술을 마시고 취해 나는 '서로 연락하지 말자!'라는 문자를 보내기까지 했다. 사랑의 감정은 사람을 참 원초적이고도 변덕스럽게 만드는 신비한 힘을 갖고 있구나.

우리는 같으나 다른 세상에서 살아왔다. 서로 만나지

못한 동안 살아온 방식과 추구한 바도 다르다. 그래도 그가 선택한 길을 존중한다. 우리는 가끔 자신이 읽고 좋았던 책을 상대방에게 추천한다. 나는 그가 권한 책을 읽으며 그가 꿈꾸는 세상을 들여다본다. 그 세상은 누구나 공평하게 인간다운 삶을 누리는 곳이다. 그는 그 꿈을 실현하는 데 필요한 일을 기획하고 실천하는 사람이다. 지금도 자신이 기획한 일을 실행하기 위해 변화가 절실한 현장에서 피땀을 쏟고 있을 터이다. 그는 여전히 혁명을 꿈꾸는 청년이다.

"지금 기차 타고 청량리역으로 올 수 있어요?"
"어쩌지? 오늘은 늦게까지 강의가 있는 날이라 못 움직여."

"오늘 어디 있어요? 서울? 원주?"
"오늘은 원주에 있어."

우리의 만남은 몇 번 더 어긋났다. 함께 울고 웃지 않은 지 오래라 공유할 수 있는 시간을 만드는 게 생각만큼 쉽지 않았다. 우리가 언제 얼굴 맞대고 얘기를 나눌 수 있을지는 알 수 없다. 현재 우리는 일과처럼 통화를 하거나 문자를 주고받는 사이가 아니기 때문이다. 내가 그와 적당하다고 생각하는 거리를 두면서 생긴 사태다. 나 자신이 평상심을 잃은 감정에 휘둘리는 게 힘겨웠기 때문이다. 나는 '인간관계를 망치지 않는 안전한 거리 두기'를 선택했다. 평소 그다지 겁이 없는 내가 대체 왜 이러는 걸까!

그를 다시 만난 지 일 년이 지났다. 나는 여전히 사랑에 대한 환상을 품고 있고 그 환상 덕분에 행복하다. 다시, 봄바람이 분다. 수천 개 향수병을 쏟아놓은 듯한 달콤한 꽃향기가 나를 감싼다. 유독 아름다운 연둣빛 잎새들이 바람결을 느끼며 몸을 떨고 있다.

삶은 찬란하다.

아무튼, 연애소설!

마음이 심란할 때 나는 이야기를 쓴다. 동화를 쓸 때도 있고, 단편이나 장편소설을 쓸 때도 있고, 시나리오를 쓸 때도 있다. 이야기를 쓸 때는 고요한 시간에 깨어 의자에 앉아 노트북 화면을 들여다보며 자판을 두드린다.

마음이 맑은 그 시간에는 오롯이 나 자신이 만드는 이야기에 골몰할 수 있다. 잡생각이 끼어들 새가 없다. 그런 연유로 삶이 혹독하다고 느낄 때마다 시 쓰기를 잠시 밀쳐 두고 산문 쓰기에 매달린다.

'매달린다'라는 건 '어떤 일에 몸과 마음이 쏠려 있는 상태'를 뜻한다.

내가 이야기 쓰기에 매달려 있는 시간에는 나를 공격하던, 날 선 삶의 면모들이 마법에 걸린 듯 동작을 멈춘다. 시름, 아픔, 골칫거리가 일순 다 사라진 듯하다. 물론 진짜 연기처럼 사라진 건 아닐 테다. 그저 글쓰기에 매달려 있는 동안 글쓰기 외 다른 문제를 인지할 틈이 없기 때문이리라!

올해 나는 매달릴 거리가 필요했다. 종종 구급차에 실려 수혈받으러 가는 엄마를 보며 마음이 찢어지곤 했다. 그래선지 강보에 싸인 아기 엄마가 얼어붙은 계곡물을 타고 떠내려와 돌로 만든 보에 걸려 있는 걸 발견하고 "119, 119 불러주세요!" 울부짖다 깨기도 했다. 내 삶을 환기할 도구가 절실했다.

작가는 어떤 내용의 글을 쓰느냐에 따라 기분이 달라진다. 여러 차례 경험해 봐서 익히 안다. 아픈 내용을 글로 쓸 때는 나도 아프다. 작품이 끝날 때까지 아프다. 오래 마음에 품고 있던 세간의 사건으로 시나리오를 쓸 때도 그랬다.

의붓아버지한테 열두 살 때부터 성적으로 학대당한 여

자가 있다. 그녀는 대학에 가서 사랑에 빠진 남자와 함께 의붓아버지의 손길이 미치지 않는 곳으로 도피하려고 한다. 그 과정에서 우발적으로 의붓아버지를 죽인 남녀는 살인죄로 교도소에 간힌다. 그러나 한 변호사의 고군분투 덕에 남녀는 살인죄를 벗고 결혼한다.

그 시나리오를 쓸 때 나는 시도 때도 없이 울었다. 콧등이 시큰했고, 가끔 흐느꼈고, 때로 통곡했다. 소설을 전공하는 제자에게 그 시나리오를 보여줬었다. 제자 또한 그 작품을 읽으며 눈이 퉁퉁 붓도록 울었다고 했다. 제자도 나도 시나리오 속 여주인공에게 감정이 이입되어 아팠다. 제자가 내게 말했다.

"선생님, 앞으로는 슬픈 이야기 말고, 행복한 이야기 쓰세요!"

몇 달 전엔 200자 원고지 300매 정도 되는 미스터리 장르 이야기를 쓰면서 피치 못하게 주요 등장인물 중 두 명을 시차를 두고 죽여야 했다. 나는 작중 인물 한 명을 죽이기 며칠 전부터 눈물을 흘렸다. 그러면서 제일 좋은 향을 골라 매일 불을 붙였다. 인물을 죽이고 난 뒤에도 며칠 동안 향을 피웠다. 다른 작중 인물을 한 명 더 죽인 다음에도 마음이 아팠다. 그래서 일주일 정도 향을 더 피우고, 그들의 명복을 빌었다.

그때 생각났다, 대학시절 소설창작 수업에서 소설가였던 교수님이 하셨던 말씀이! "소설이 아무리 허구이기는 하나 소설 속에서 사람 죽이는 일은 신중하게 결정해야 한다." 현실에서든 허구인 소설에서든 생명을 죽이는 일은 심사숙고해야 할 정도로 중요한 사안이라는 얘기였다. 요즘 영화나 게임에서 사람 죽이는 일이 짜릿한 장난 정도로 취급되는 현상을 볼 때면 선생님의 말씀을 되새김질하게 된다.

올해 유월 말부터 내가 매달리기로 작심한 건 '연애소설 쓰기'다. 나는 요즘 연애 소설 쓰기에 매달리고 있다. 그 일이 매우 유쾌하다. 현대판 '불로장생의 명약'이 있다면 바로 '연애소설 쓰기'라고 호언장담할 정도다.

일단 내가 쓰고자 하는 이야기에 적합한 캐릭터를 창조하고, 그들에게 옷을 입히고, 성격을 부여하고, 대사를 만드는 일이 재미있다. 다음에는 '어떤 장소에 가게 하고,

어떤 대화를 하게 만들고, 어떤 감정을 느끼게 할까?' 그 일을 생각하는 것만으로도 설레어 밤잠을 설친다.

등장인물이 느낄 법한 감정을 묘사할 때는 내가 그걸 고스란히 느낀다. 청춘남녀가 서로의 피부를 스치거나 손을 잡을 때는 내 가슴이 뛴다. 그들이 첫 키스를 할 때는 내 입술이 뜨거워진다. 연애소설 쓰기가 나에게는 마치 환각제나 다름없다. 한 문장에 한 모금, 혹은 한 알의 환각제.

이런 일도 있었다. 소설 속 여주인공의 연적(戀敵)이 말레이시아에서 왔다. 물론 그녀가 여주인공의 상상처럼 남주인공과 사귀는 사이는 아니었다. 그저 카우치 서핑 손님일 뿐이었다. 그런데도 여주인공의 심사는 복잡미묘해졌다. 그러자 나에게도 감정이 그대로 전이되어 글이 잘 풀리지 않았다. 다른 장을 쓸 때보다 시간이 두 배 더 걸렸다.

연애소설 쓰는 동안에는 잃어버린 줄 알았던 감각의 촉수들이 일제히 되살아난다. 삶이 생기발랄해진다. 그래서인지 요즘 내 목소리를 듣는 사람은 내가 매우 즐겁게 사는 것 같다고 말한다. 목소리만 들어도 넘치는 기운을 느낄 수 있다고 전한다. 그들의 말이 진심이라 믿는다. 나는 진짜 행복하니 말이다.

문학청년 시절에 그랬다. 시인이 되기를 꿈꾸는 것만으로도 행복했다. 그래서 잠자기 전 머리맡에 손전등, 수첩, 펜을 두고 잤다. 시를 생각하다 잠들면 꿈속에서도 시를 썼기 때문이다. 꿈에 멋지게 쓴 문장을 깨자마자 수첩에 옮겨적기도 했다. 연애소설 쓰는 요즘도 그 시절과 유사하다. 다음 쓸 이야기를 구상하다 잠들면 꿈에서 연애소설을 이어 쓴다. 몽환처럼 환상적이다.

새벽에 일어나 연애소설을 쓴다고 하니, 소설가인 친척이 자기도 내가 일어나는 시간에 깨어 소설을 쓰겠다고 했다. 나는 그 일을 반겼다. 우리는 문자로 새벽 인사를 주고받은 뒤 각자 소설을 쓰기 시작한다. 커피 내려 마셔라, 사과 먹어라, 포도 먹어라, 한 시간 마다 일어나 스트레칭을 해라! 간간이 문자를 주고받으며 서로를 일깨운다.

나는 그에게 200자 원고지 35매에서 40매 정도로 맺는 매 회차 원고를 이메일로 보낸다. 그는 나에게 A4용지

한 장에서 두 장 정도의 감상평을 보내온다. 내가 쓰는 연애소설의 첫 독자가 보내준 감상평이 나에게는 큰 힘이 된다.

　소설이 유쾌하고 긴장감 있게 끝나네.
　복잡한 인물 구도인데도 적절하게 좋은 흐름으로 만들어졌어.
　어떻게 읽는 줄도 모르게 읽어버렸어. 다음 회차도 빨리 보고 싶어.
　재미있었어. 내가 재미있게 읽었다면 독자도 그렇겠지?
　엄청나게 쏟아지는 비처럼 매력 있는 이야기가 폭풍처럼 쏟아져 내리길!

　그가 보내오는 평을 읽을 때마다 나는 다음 이야기를 이어 쓸 기운이 쑥쑥 솟는다. 나도 그가 쓴 소설을 읽고 감상평을 보낸다. 우리는 서로가 쓰는 소설의 첫 독자인 것을 행운으로 여긴다.

　내가 지금 쓰는 연애소설의 주요 무대는 현재 거주지인 강원도 원주다. 나는 현실감을 위해 등장인물들이 가는 장소에 직접 간다. 그들이 먹는 음식을 먹고, 그들이 마시는 술을 마신다. 그 느낌을 생생하게 묘사하려고 말이다. 또한 등장인물들이 좋아하는 식당이나 카페, 빵집 주인에게 상호를 내 소설에 써도 되겠느냐고 묻고 허락받기도 한다. 모두 흔쾌히 수락하며 응원을 보내준다. 자기가 소설에 등장하면 영광일 거 같다는 독자 이름을 소설에 쓰기도 한다.

내 소설에서 등장인물들이 듣는 곡을 스트리밍 서비스 앱에서 소설과 같은 제목의 폴더에 수록해서 틈틈이 듣기도 한다. 그 플레이리스트의 상당수는 소설에 등장하는 인물과 비슷한 연배에게 청해서 받은 곡이다.

내 소설에서 등장인물이 크레이프 재스민을 키우면 나도 크레이프 재스민을 키운다. 등장인물이 어떤 영화를 보면 나도 그 영화를 본다. 등장인물이 어떤 책을 읽으면 나도 그 책을 읽는다. 소설에 등장하는 소품들도 사서 모아 둔다. 내 생활환경을 여주인공의 환경과 비슷하게 만든다. 그게 소설의 현실감을 살리는 묘사에 도움이 된다.

아무튼, 연애소설!
나는, 연애소설 쓰는 할머니로 살고 싶다.

수첩과 카메라

 미술관에서 작가 초대전을 할 때 그 작가의 작품을 이용해 다양한 상품을 만드는 경우가 많다. 엽서, 자석, 쿠션, 액자, 에코백, 필기류, 커피잔, 파우치, 우산 등 종류는 헤아릴 수 없이 다양하다. 물론 수첩도 빠지지 않는다. 전시 중인 작품을 찬찬히 둘러보고 나오면 다양한 상품, 일명 굿즈(goods)가 기다리고 있다.

 미술관에서 상설 혹은 임시로 운영하는 선물 가게에서 아기자기한 물건을 둘러보는 건 작가의 작품을 감상하는 일과 또 다른 기쁨이다. 물론 사고 싶은 게 엄청나게 많아 매번 구매욕을 자제해야 하지만 말이다. 미술관 선물 가게에서 매번 내가 빼놓지 않고 사는 건 냉장고에 붙일 수 있는 자석과 수첩이다.

자석 전면에는 미술관에서 전시한 예술가의 작품이 축소된 상태로 투명 아크릴 속에 들어있다. 냉장고 측면에 빼곡하게 붙여 놓고 자주 감상한다. 마그네틱 기념품에 깃든 추억을 잠깐이라도 하나, 하나 소환하면 갑갑한 일상이 신선하게 환기된다.

수첩은 늘 지니고 다니며 시상(詩想)이나 단상(斷想)을 메모할 때 유용하게 쓴다. 특히 내가 미술관에서 수첩을 구매하는 이유는 작가의 전시 기간에만 한시적으로 구할 수 있는 희소가치 때문이다. 더 큰 이유는 작가의 작품이 인쇄된 수첩 표지를 좋아하기 때문이다. 때로 질감 좋은 속지에 표지와 같은 작품이 인쇄된 수첩도 있다. 예술의 전당에서 열린 자코메티 전시회에 갔을 때 산 수첩이 그랬다.

그 수첩을 쓸 때마다 자코메티 작품 〈걷는 사람〉을 보며 완벽한 작품을 만들기 위해 고군분투하던 작가의 열정을 생각하고는 한다. 그의 치열한 예술관을 엿볼 수 있었던 영화 〈파이널 포트레이트 Final Portrait〉를 떠올리기도 하면서.

인간은 걷는 존재다.
걷지 않고 늘어져 있을 때는 그 삶이 피폐해진다.

그러한 진실을 너무 잘 알고 있었을 자코메티였기에 인간이 걷는 순간 갖게 되는 역동의 미학을 〈걷는 사람〉에 투영했을 테다. 그리하여 그 작품은 자코메티의 수많은 명작을 제치고 최고의 작품으로 회자하는 게 아닐지 싶다.

자코메티의 〈걷는 사람〉을 볼 때마다 나 또한 다짐한다.
삶과 예술에 대한 열정을 잃지 말자고!
건필(健筆)하자고!

시인, 수필가, 소설가가 되기를 꿈꾸는 사람들이 가끔 나에게 묻고는 한다. "좋은 글을 쓰려면 어떻게 해야 해요?" 그때마다 나는 한 편의 시를 예로 든다. 그 시는 이브 메리엄의 《"어떻게 하면 시인이 될 수 있죠?"라는 물음에 대한 답》이다. 전문(全文)은 이렇다.

나무에서 잎을 따서
그 모양을 꼼꼼히 살펴보세요.

사랑의 각도

가장자리 선이랑

안쪽의 금이랑

이걸 기억해 두세요, 잎이 가지에 어떻게 매달려 있나

(또 줄기에서 가지가 어떻게 뻗어 나왔나)

사월에는 어떻게 움터 나오고

유월에 어떻게 멋진 차림을 하나

팔월이 다 가기 전에

손에 쥐고 구겨 보세요

그러곤 잎사귀의 여름 끝 슬픈 향기를 맡아 보세요

딱딱한 잎자루를 씹으면서

가을철 가르랑 소리를 들어보세요

그 소리가 십일월 하늘에 산산이 흩어지는 걸 지켜보세요

그러곤 겨울이 되어

나뭇잎이 하나도 남아 있지 않을 때

나뭇잎 하나를 만들어 보세요

이 작품은 글쓰기에 있어 사물을 관찰하는 능력, 사물과 교감하는 태도, 그 사물 덕분에 이른 성찰, 그 사물에서 태동한 상상력이 얼마나 중요한지를 얘기하고 있다. 나무마다 서로 다른 잎사귀를 지니고 있듯이 우리가 쓰는 글 또한 그 누구와도 차별되는 개성적인 모양, 문양, 맥락, 색채를 가져야만 한다고 은유적으로 말한다. 나만의 아름다운 '나뭇잎 하나'를 창조하기 위한 첫걸음은 손에 쏙 들어오는 수첩을 준비하는 것이다. 물론 요즘은 휴대용 전자기기에 다양한 글쓰기 애플리케이션이 있기는 하다. 그 앱에는 메모 기능도 잘 갖춰져 있다.

그런데도 나는 꼭 '마음에 드는 수첩을 사서 어딜 가나 자신의 분신처럼 동행하라'고 권한다. 길을 걷다가, 버스 타고 창밖을 내다보다가, 카페에 앉아서 커피를 마시다가, 도서관에서 책을 읽다가 수첩을 꺼내어 떠오르는 단상을 메모하라고 조언한다. 그렇게 수첩을 한 권, 두 권 늘려가라고 강조한다.

어느 날 문득 써야 하는 글이 있는데 마땅한 영감이 떠오르지 않으면 그 수첩들을 뒤적여 보라고 한다. 실제로 나 또한 그런 방식으로 글감을 찾는 경우가 많다. 글 쓰는 이에게는 자신의 수첩 한 귀퉁이에 끄적거려 둔 한 줄 메모가 더없이 큰 자산인 셈이다. 무심코 메모해 뒀던 낱말 하나, 문장 한 줄이 한 편의 단편을 낳고, 한 권의 책을 낳을 수 있으니 메모는 창작의 씨앗이라 아니할 수 없다.

글을 잘 쓰고자 하는 이에게 내가 두 번째로 권하는 건 사진 찍는 취미를 가지라는 것이다. 사물이나 대상을 섬세하게 바라보는 습관을 들이는데 사진 찍기만큼 좋은 건 없는 듯하다. 내 경험상 그렇다.

나는 사진 찍고 싶은 사물을 발견하면 우선 그 사물을 여러 각도에서 자세히 본다. 물론 변화무쌍한 구름 사진을 찍을 때는 예외다. 순식간에 모양을 바꾸는 구름은 보는 순간 셔터를 눌러야 하기 때문이다. 그러나 한 자리에 뿌리내린 사물 사진을 찍을 때는 그 사물을 내 마음에 들이는 일을 먼저 한다.

처음에는 그 사물을 가운데 놓고 천천히 원을 그리듯 주변을 돌면서 유심히 본다. 그런 뒤 멀리 떨어져 바라본다. 물론 아주 가까이 다가가 손으로 그 사물을 만지거나 몸을 붙여 보기도 하고, 바닥에 벌렁 드러누워 올려다보기도 한다.

    아침, 저녁, 오전, 오후나 맑은 날, 흐린 날, 안개 낀 날, 비 오는 날, 눈 오는 날, 몇 번의 봄, 여름, 가을, 겨울을 맞으며 그 사물을 보러 간다. 그 사물의 사소한 변화도 놓치지 않으려 애쓴다. 그러다 보면 어느 날 그 사물은 나에게 경이로운 모습을 보여준다. 이것이 사물과 사랑에 빠졌을 때 얻을 수 있는 기쁨이다.

    오늘도 나는 수첩과 카메라를 들고 길을 나선다.
    사물과 빛이 나누는 대화에 귀 기울인다.
    그들의 대화가 신비로울 때 나는 셔터를 누른다.

판타스틱 서울

"와, 눈이 아주 반짝반짝하네."

서울 고속버스 터미널을 나오자마자 동행한 친구가 내 얼굴을 보며 한 말이다.

"서울 와서 살아라, 살아!"

친구가 한술 더 떠서 서울살이를 부추긴다.

친구 말처럼 나는 현재 사는 원주를 떠나 서울에 발을 내딛는 순간 반짝거린다. 서울에서 만나는 모든 대상과 사물을 마치 처음 보는 듯 신기하게 바라본다. 그러니 제일 먼저 눈빛부터 달라지는 것일 테다. 호기심 가득한 내 눈이 사방을 두리번댄다. 무엇 하나 놓치지 않으려고 말이다. 그러는 순간 몸과 마음이 생동한다. 서울은 나에게 그런 특별한 선물을 주는 도시다.

"나는 나이 드니까 전원에 가서 살고 싶은데, 너는 참 이상하네. 서울을 왜 그렇게 좋아해?"

노후를 한적한 산골이나 바닷가에서 보내고 싶다는 친구가 나에게 물은 적이 있다. 아무래도 친구 눈에는 공기 안 좋고, 복잡하기만 한 서울을 동경하는 내가 참으로 불가해한 존재로 보였나 보다. 그런 질문은 예전에도 여럿에게 받은 적이 있다. 그럴 때마다 곰곰 생각해 보았다. 내가 서울을 좋아하는 이유에 대해서 말이다.

첫 번째 이유를 들자면, 서울이라는 도시가 가진 역동성 때문이다.

역동성의 말뜻을 사전에서 찾아보면 이렇게 나온다. '힘 있고 활발하게 움직이는 성질이나 특성'. 그런 특성을 가진 도시가 서울이라고 나는 생각한다. 그런 도시에서의 내 일상은 탱탱볼처럼 통통 튄다. 고등학교를 졸업하고 상경을 선택한 이유도 서울의 그런 속성 때문이었다. 문학소녀였던 시절 나는 영감이 섬광처럼 피어나길 갈망했다. 그러려면 내가 일상에서 부딪치는 게 많아야 한다고 굳게 믿었다. 그런데 지리산 동북쪽 금호강 옆에 있던 내

고향 함양은 더없이 한적한 곳이었으니 나의 열망을 이루기에는 너무나 단조로웠다.

나는 고향에서 터 잡고 살라는 부모님의 청을 뿌리쳤다. 전국에서 정자가 제일 많고 풍광도 수려한 고향을 떠났다. 아마도 세 명의 외삼촌과 한 명의 이모가 서울에서 번듯하게 살고 있어 그 결정이 어렵지 않았을 테다.

서울 가는 기차에 처음 몸을 실었을 때 그랬듯 지금도 서울행 고속버스에 자리 잡고 앉으면 첫사랑을 만나러 가는 것처럼 설렌다. 서울은 나에게 그런 존재이니, 어찌 그 도시를 사랑하지 않을 수 있으랴!

내가 서울을 편애하는 두 번째 이유를 들자면, 그 도시에 산재한 추억 때문이다.

어느 시인이 말했다. 추억이 많은 사람은 부자라고. 물론, 추억이나 반추하며 과거에만 얽매여 사는 건 바람직하지 않을 테다. 그래도 나는 하나씩 꺼내어 보면서 웃거나 울 수 있는 추억이 많은 삶을 살고 싶다. 드레스룸 문을 활짝 열어젖히고 그날 만날 사람, 그날 날씨, 그날 느끼고 싶은 기분에 맞춰 옷을 골라 입듯이 추억도 그날의 용도에 맞는 걸로 꺼내어 일용할 양식으로 삼고 싶다. 그럴 수 있는 추억이 서울 곳곳에 깃들어 있다.

어느새 서울에서 산 세월보다 원주에서 산 세월이 이제는 더 길다. 그런데도 서울에서 만든 추억이 훨씬 더 많다. 아마도 인생의 격동기 청춘을 서울에서 불태웠기 때문이리라. 그 시절에 만난 사람, 겪은 일은 그 후의 시절을 다 합쳐도 따라잡지 못한다. 물론 그중에는 청춘이란 호시절이 끝난 뒤에는 하지 못한 일탈도 수두룩하다. 그만큼 격정적인 시절이었고, 낭만적인 시대였다. 서울 어느 거리를 어느 때 걸어도 추억들이 불쑥 나타나 반갑게 악수를 청하는 건 당연지사다. 그럴 때면 나는 그 추억과 뜨겁게 포옹한다. 가슴에서 희열이 솟구친다. 그러니 어찌 서울을 오매불망하지 않을 수 있겠는가!

서울을 사랑하는 세 번째 이유를 들자면, 익명성 때문이다.

익명성이란 말 그대로 자기의 본이름을 숨기는 특성이다. 소도시에서 살면 어디를 가도 아는 사람 한둘은 만나게 된다. 오일장, 숯가마, 도서관, 목욕탕, 수영장, 음식점, 은행, 병원, 영화관에 가면 아는 사람을 꼭 만난다. 심지어 길을 바삐 걸어갈 때도. 내가 어느 길모퉁이에서 택시를 기다리며 서 있는 모습을 본 사람이 그 소식을 다른 사람에게 전하기까지 한다.

빤히 들여다보이는 손바닥 같은 소도시의 정감 어린 분위기가 좋을 때도 있다. 그러나 가끔은 누군가의 시선으로부터 완벽히 자유로워지고 싶다. 나의 일거수일투족을 관찰하는 사람이 단 한 명도 없는 곳에서 자유를 느끼고 싶어진다. 서울은 내게 익명의 자유를 선사하는 도시다. 어디에서 어떤 모습으로 있어도 나를 알아보는 사람이 없어 매 순간을 음미하는 여행자가 될 수 있다.

서울을 사랑하는 한 가지 이유가 더 있다. 그건 청춘기에 함께 했던 친구들이 거의 서울에 산다는 점이다. 물론 지금도 그 친구들과 한 달에 두어 번 만나 예술과 삶을 논하기는 한다. 친밀과 결속을 확인한다. 그래도 혼자 시외버스를 타고 집으로 돌아오는 길은 몹시 허전하다. 그럴 때는 서울에 눌러앉고 싶은 마음이 더 커진다.

내가 철철이 보고 싶은 나무들도 대부분 서울에 있다. 그 나무들 잎이 산뜻한 색깔로 돋아나는 때, 꽃이 환하게 피는 때, 혹은 단풍이 고운 계절에는 서울에 숙소를 구해 사진을 찍으러 다니기도 한다. 물론 내가 그 나무들 사진을 찍고 싶은 시기를 놓칠 때가 더 많다.

한 번은 안식월을 보낼 돈을 모아 서울의 호텔에서 한 달 넘게 살며 호사를 누린 적이 있다. 호텔에 체크인하고 제일 먼저 한 일은 내가 좋아하는 나무가 있는 고궁의 한 달 입장권을 끊은 것이다. 내가 좋아하는 나무들이 잎 틔우고 꽃 피울 때를 기다려 그해 봄 내내 그 나무들 곁에서 서성댔다. 고궁과 정독도서관, 삼청동길, 후암동 뒷길 나무를 배경으로 해 뜨고 지는 것을 지켜보았다. 그 앞에 오래 서 있고 싶은 나무를 찾아 서울을 종횡무진 누볐다. 참으로 행복했다.

그런 서울에서 커피를 팔면서 살려고 사직동 산마루에 집을 계약한 적이 있었다. 그런데 그 집은 카페를 할 수 있는 용도가 아닌 곳이었다. 결국 한 화가가 내게서 인계받아 작업실로 썼다. 2년 전에는 지인 한 명이 미국으로 곧 이민 가니 자기 살던 집에 몸만 들어와 살라고 해서

"앗싸!" 하며 이삿짐을 꾸렸다. 친한 사람들한테 곧 남산 밑 해방촌으로 이사 간다는 소식을 전했다. 그런데 지인이 펜실베이니아로 투자이민 가는 게 성사가 안 되었다. 하는 수 없이 나는 이삿짐 일부를 보일러실에 쌓아 둔 채 필요한 짐만 풀어서 생활하고 있다.

전후 사정을 속속들이 아는 서울 친구가 얼마 전 나에게 말했다.
"그냥 원주댁으로 살아!"

친구 말처럼 어쩌면 나는 죽을 때까지 원주 시민으로 살아갈지 모른다. 그러나 고속버스로 한 시간 반 거리에 나에게 판타지를 주는 도시가 있다는 사실만으로 나는 크게 위안받는다. 마음이 내킬 때면 언제든 '씨네큐브 광화문'에 가서 마음을 움직이게 만드는 영화를 볼 수 있고, 친구들과 맛있는 음식을 먹으며 요즘 누구 시, 누구 소설이 좋다고 하면서 수다를 떨 수 있으니 말이다. 또한 카메라를 들고 도시의 나무를 주제로 사진을 찍으러 활보할 수도 있으니 말이다.

나는 매일 날씨 앱으로 서울과 원주 날씨를 비교해 본다. 음, 오늘은 서울이 더 따뜻하군. 대기질은 원주가 더 나쁘군. 원주의 미세먼지 농도가 서울보다 평균 1.3배에 달하는 이유는 도시의 지형적 특성 때문이라지?

원주가 서울처럼 내 가슴을 뛰게 하지는 않는다. 그러나 골목을 나서면 계절의 변화를 알리는 치악산이 저 멀리 보이고, 산책할 때마다 영감을 주는 원주천이 집 가까이 있다. 내가 원주에 붙박여 살기를 바라는 친구도 몇 있다.

"너무 멀리 가지 말아요. 원주에 살면서 갑갑할 때만 다른 도시에 갔다 와요."
오늘도 선자 씨가 나에게 한 말이다.

원주에 산 지 올해로 벌써 30년이 넘었다. 태어나서 지금까지 내가 제일 오래 산 도시인 셈이다. 그런데도 나는 이 도시의 이방인 같다. 그렇게 느끼는 이유 중 하나는 마음이 언제나 서울을 향하고 있기 때문일 테다. 꽃봉오리가 일제히 북쪽을 향해서 북향화로도 불리는 목련처럼 말이다.

이순이 넘은 지금도 나는 방년(芳年) 때처럼 환상을 갖고 산다. 사랑에 대해서도 아직 환상을 버리지 못하고 산다. 사람, 도시, 삶에 대해서도 환상을 갖고 산다. 물론, 환상은 막연하다. 그런데도 환상이 내 삶의 에너지 원이다. 환상 덕분에 나는 하루하루 꿈꾸듯 살아나간다. 환상이 하나씩 깨져 단 하나도 남아 있지 않게 되는 날이 죽음을 맞는 날일 테다. 서울을 판타지로 가진 나는 아직 살아 있다.

새벽 버스 타고 와 서울에 발 디딘 오늘도 마음이 파릇파릇하다.
"무교동 북엇국집에서 아침 먹고 움직일까?"
내가 버스정류장에서 친구에게 묻는다.
"현대미술관 옆 청국장집은 어때?"
"그 집 오늘 쉬는 날이야."

서울에 오면 참새처럼 지나치지 못하는 방앗간이 몇 군데 있다. 안국동의 빵집 '안국153', 사직동 '커피 한잔', 광화문 '수제 명품 과자 카나나'. 모두 이력이 오래된 소박한 곳이면서 빼어난 맛을 자랑하는 맛집이다. 그리고 서울에서 밥 먹기를 좋아하는 곳은 명동 '명동 돈가스', 북촌 '한뫼촌', 익선동 '리치몬드 딤섬', 안국동 '오레노라

멘', 인사동 '개성만두 궁', 서촌 '덕이나루' 정도다.

큰 수술을 두 차례 받은 뒤 몸이 한없이 예민해진 나는 인공감미료가 많이 들어 있거나 재료가 신선하지 않은 음식을 먹으면 곧바로 몸이 가려워진다. 몸이 음식의 합격점을 재는 잣대가 된 것이다. 그런데 나의 단골 서울 맛집들의 음식은 먹어도 가렵지 않아 자주 가게 된다. 맥주 한잔 마시고 싶을 때는 부암동 치킨집 '계열사'로 향한다.

나는 때때로 시집 전문서점인 혜화동 '위트 앤 시니컬'에서 다른 시인을 만나고, 해방촌의 문학 전문서점 '고요서사'를 기웃거리기도 한다. 그 일정도 서울 나들이에서 빼놓을 수 없는 기쁨 중 하나다. 물론 그 외에도 서울의 골목골목 뭐가 있는지 훤히 꿰고 있다. 나에겐 서울이 내 집 앞마당이다. 그래서 서울만 가면 나는 활개를 친다. 보무가 당당해진다.

사람 구경만으로도 즐거운 서울에서 내 눈길 닿은 모든 게 감각을 일깨운다. 어쩌면 오늘도 서울 골목을 누비다가 덕수궁 돌담길쯤에서 이효열 작가의 설치미술을 보며 이렇게 외칠 수도 있을 테다.

"판타스틱 서울!"

살구나무 예찬

내가 아껴 쓰는 것 중 하나가 살구씨 기름이다. 큰 용기에 있는 기름을 작은 스포이트 용기에 덜어 놓고, 한 방울씩 손바닥에 떨어뜨린 다음 얼굴에 펴 바른다. 살구씨 기름은 다른 기름과 달리 끈적거림이 없고, 피부에 금세 스며든다. 밤에 잠자리에 들기 전에 발라주고 아침에 거울을 보면 얼굴에서 광채가 돈다.

나와 똑같은 살구씨 기름을 쓰는 친구로부터도 살구씨 기름 예찬을 들었다. 얼굴에 바르는 순간 피부가 달라지는 게 확연히 느껴진다며. 친구는 공장에서 만든 화장품을 일절 쓰지 않는다. 아마도 친구가 얼굴에 영양을 공급하기 위해 바르는 건 살구씨 기름이 유일할 것이다. 그런데도 그의 피부는 살구씨 기름 덕분인지 부드럽고 탱탱

해 보인다.

　내가 현재 사용하는 살구씨 기름은 히말라야 자락에 있는 라다크 산(産)이다. 한 친구가 라다크에서 오래 머물 때 그곳에서 발견한 살구씨 기름을 예찬했다. 특산품인 살구씨 기름을 사서 써 보니 흡족하다며 효능에 놀라워했다. 가격마저 저렴하다고 했다.

"여기 살구나무는 엄청나게 척박한 땅에서 자라. 그래서 여기 살구씨 기름이 좋은 거야."

　친구는 글 쓰러 나가 있는 카페 창으로 보이는 라다크 풍경을 찍어 나에게 사진을 전송해 주었다. 새하얀 눈을 머리에 인 먼 산을 배경으로 마을이 들어서 있었고, 키 크고 홀쭉한 초록색 나무가 몇 그루 보였다. 나중에 알고 보니 미루나무였다. 친구가 간간이 보낸 사진과 동영상을 통해 본 라다크 풍경은 황량했다. 민요를 부르는 라다크 소녀들의 전통의상만 색채가 화려했다. 나머지 풍경은 거의 회색에 가까웠다. 그런데도 왠지 정이 갔다. 여건이 될 때 한 번쯤 머물고 싶었다.

해발 3,500미터가 넘는, 그 척박한 곳에 깊이 뿌리를 내려 꽃 피우고 열매 맺는 살구나무라니! 상상만 해도 강인한 생명력이 내게 고스란히 전해져 왔다. "내가 돈을 보낼 테니 살구씨 기름과 타르초 좀 사서 보내줄 수 있어? 다른 특산품 있으면 같이 보내주면 더 좋고!" 나는 얼른 살구씨 기름을 써 보고 싶었다.

얼마 후, 친구가 라다크에서 보낸 택배가 집에 도착했다. 택배 상자 안에는 내가 부탁한 물품 외에도 라다크의 향취와 풍미를 느낄 수 있는 물건이 들어 있었다. 커피에 타 먹을 수 있는 히말라야 기 버터, 비타민 나무 열매로 짠 기름, 고산에서 채취해서 만든 차, 작은 양털 양탄자, 자수가 아름다운 핸드폰 파우치…….

제일 먼저 살구씨 기름병 뚜껑을 열었다. 그리고 세수를 말끔히 한 얼굴에 펴 발랐다. 라다크 사람들 삶을 풍성하게 만드는 살구나무의 강렬한 생명력을 피부로 느끼고 싶었다. 살구씨 기름 효과는 금세 나타났다. 건조한 날씨에도 내 얼굴 피부는 촉촉함을 유지했다. 나는 살구씨 기름의 효능을 더 알고 싶어 인터넷의 검색창을 두드렸다.

인도와 중국의 전통 의학에서는 살구씨 기름을 종양, 궤양 치료와 습진, 건선 및 비듬과 같은 건조한 피부질환에 사용하였으며 호흡기 질환인 가래, 점액 제거와 변비 치료에도 사용하였다. 묵은 각질과 피지, 블랙헤드 관리에 효과적이다.

살구씨 기름이 '코 주변에 과도하게 분비된 피지가 산화되어 검게 변한' 블랙헤드를 없애준다니! 미용뿐 아니라 약용효과도 탁월하다니! 아마도 살구씨의 다양한 효능을 일찌감치 간파한 지혜가 있었기에 내 고향 사람들 역시 살구를 달게 먹고 난 뒤 남은 살구씨를 허투루 버리지 않았나 보다.

어린 시절 살구가 익을 무렵이면 동네 사람들이 마루에 옹기종기 둘러앉아 살구를 나눠 먹었다. 그러고는 다듬잇돌이나 동글납작한 돌 위에 살구씨를 올려놓고 야구공 크기의 둥글고 매끄러운 돌로 딱딱한 살구씨를 살살 깨뜨렸다. 너무 힘주어 깨뜨리면 안에 든 씨앗이 볼품없이 부서지기 때문이었다.

딱딱한 겉껍질을 깨뜨린 뒤에는 안에 든 말랑말랑한

속 씨앗을 따로 모았다. 그걸 보관해 두었다 급할 때 변비약이나 기침약 대용으로 썼던 거 같다. 한방에서 '행인'으로 불리는 살구씨는 진해, 거담, 이뇨, 편도선 부종, 유선염 외이도염 폐렴 등에 효과가 좋아 호흡기 쪽 문제에 사용하는 대표 약재라고 한다.

중국 설화에는 살구씨가 '행인'으로 불리게 된 흥미로운 이야기가 있다. 오나라에 동봉이라는 의사가 살았다고 한다. 그는 환자들을 치료하고 진료비를 받지 않았다. 대신 환자들에게 살구나무를 심으라고 권유했다. 경중 환자는 한 그루, 중증 환자는 다섯 그루를 심으라고 했다. 마을은 울창한 살구나무숲으로 변했고, 그 살구나무에서 수확한 살구를 팔아 가난한 사람들을 구제할 수 있었다. 그런 연유로 한의원을 '살구나무 무성한 수풀'인 행림(杏林), 살구씨 껍데기 깐 알맹이 씨앗을 행인(杏仁)이라 부른다고 한다. 설화 속 살구나무는 사람을 살린 생명의 나무임에 틀림이 없으리라. 진정한 의술로 마을을 대대손손 살린 의사 역시 지혜롭고 아름다운 사람이었나 싶다.

내 고향 집에도 아름드리 살구나무가 있었다. 그 살구나무는 장독대 옆에 있었다. 그런데 언제부터인가 살구가 익을 철이면 돌팔매가 날아들었다. 살구를 따 먹으려는 개구쟁이들 짓이었다. 아이들이 떼 지어 다니며 남의 과일, 곡식, 가금 따위를 훔쳐 먹는 서리가 유행이었고, 그것이 흉이 되지 않던 시절이었기 때문이다. 그러다 간혹 돌팔매가 장독을 깨뜨렸다. 장독이 몇 개 연거푸 수난을 당하자 집안의 누군가가 살구나무를 베어버리고 말았다. 살구나무 그루터기에서 봄마다 싹이 돋아나기는 했다. 그러나 두 번 다시 화사한 꽃을 피우고, 노란 살구를 매달지는 못했다.

그 후부터 나는 살구가 익는 계절이면 비바람 부는 날을 손꼽아 기다렸다. 그렇게 궂은날이면 나는 양동이 하나 들고 집을 나서 윗마을 살구나무가 있는 골목으로 갔다. 그 시절에는 과실 나뭇가지가 담장을 넘으면 거기 열리는 과실은 담장 밖을 지나다가 잘 익은 과실을 발견한 사람 차지였다. 인심이 넘치던 시절이었다.

나는 살구나무 밑에서 세차게 부는 비바람이 잘 익은 살구를 떨어뜨리기를 목 빠지게 기다리고는 했다. 바람이 우산을 뒤집어 놓는 것도 아랑곳하지 않았다. 살구나무는 나의 기다림을 배신하지 않고 후두두 후드득 잘 익은 살구를 떨어뜨려 주었다. 더러는 깨지기도 한 살구로 양동이를 수북이 채우고 경쾌한 발걸음으로 집으로 돌아오곤 했었다.

날이 좋은 날은 살구나무 그늘 밑에 아이들이 바글거렸으나 궂은날에는 한산한 편이었다. 그 점을 이용해 나는 살구의 단맛을 실컷 맛보고는 했다. 유년기의 여름을 건강하게 날 수 있었던 건 살구에 들어있던 비타민과 천연 당류도 한몫 단단히 했으리라. 실제 살구는 어린이 발육을 돕고, 야맹증에 좋고, 몸속 피로물질을 깨끗하게 청소해 준다고 하지 않는가. 여름철 기력이 떨어졌을 때 살구를 먹으면 체력이 회복된다고도 하지 않는가.

유년의 추억 속 살구나무는 열매로 기억된다. 그러나 성년의 추억 속 살구나무는 꽃으로 기억된다. 나는 해마다 초봄이 되면 살구꽃을 보러 간다. 내가 제일 좋아하는 살구나무는 450살이 넘었다. 그 나무는 덕수궁 경내 석어당 앞에 있다. 몇 해 전에는 아예 덕수궁 한 달 입장권을 끊어 거의 매일 살구나무를 보러 갔었다. 그 나무가 잘 보이는 곳에 앉아 책을 읽고, 사색하는 시간을 가졌다. 분홍 꽃등을 매단 듯 환한 살구나무가 그해 봄 내내 나에게 웃음을 안겨주었다. 그 봄이 다 간 지금도 그때를 떠올리면 행복해진다.

올봄에 나는 묘목 시장에 가서 살구나무를 한 그루 고를 예정이다. 해마다 봄이 면 정원에 한 그루씩 꽃나무를 심는 게 나의 봄맞이 의식 중 하나다. 어떤 해는 광양에 매화를 보러 갔다가 천리향 묘목을 사서 기차 타고, 버스 타고, 택시 타고 갖고 와 심기도 했다. 물론 그동안 심은 나무들을 다 살리지는 못했다. 사과나무와 홍매화는 그만 죽어버렸다. 천리향과 운용 매화, 새를 위해 심은 마가목은 지금도 잘 자라고 있다. 죽은 나무를 캐낸 자리에 살구나무를 심어야지.

아, 수도하는 승려들이 염불할 때 쓰는 목탁을 살구나무 고목으로 만들면 아주 맑은소리가 난다는 말을 들은 적 있다. 공자도 살구나무 아래서 야외수업하는 걸 즐겼다고 한다. 이래저래 살구나무는 많은 덕을 베푸는 나무가 아닌가 싶다. 그러니 어찌 살구나무를 예찬하지 않을 수 있겠는가!

개복숭아에 관한 단상

"이거 혼자만 드세요!"

양지서점을 운영하는 전선자 씨가 리본이 예쁘게 묶인 유리병을 건네며 말했다. 먹을 만한 것이나 쓸 만한 게 생기면 이웃과 나누기 좋아하는 그이가 그렇게 깍쟁이 같은 말을 할 정도라면 그 물건이 귀하디귀한 것일 테다. 그게 아니라면 끔찍이 나를 위하는 마음이 담긴 것일 터이다.

나는 유리병을 받고 웃으면서 물었다.
"이게 뭔데요?"
내 물음에 전선자 씨가 말했다.
"개복숭아 효소예요. 강원도 아주 깊은 산골로 귀촌한

친구가 직접 만들어 준 거예요. 기관지와 항암에 좋다고 해요. 7년 된 거라고 하네요. 약이라 생각하고 드세요."

내가 구강암 수술을 한 직후라 공기 한 점도 조심하며 마시는 걸 아는 그이인지라 기관지에 좋다는 게 생기니 그걸 고이 들고 나한테로 달려온 것이다. 사실 퇴원 직후 어렵게 결단하고 제일 먼저 실행한 게 책을 정리한 일이었다. 10대 후반부터 밥값 아껴 사 모아 이사할 때마다 제일 먼저 챙기던 오래된 책들에 켜켜이 쌓여 있는 먼지가 나에게 해로웠기 때문이다. 그때 전선자 씨가 그 일을 도와주었다. 그이는 나에게 뭐가 좋고 나쁜지를 훤히 꿰뚫는 사람이다. 그이가 건넨 유리병을 자세히 보니 '개복숭아'라는 글자가 적힌 작은 스티커가 붙어 있었다.

"소주잔 한 잔 정도 분량을 하루에 두 번 정도 드시면 좋대요. 물에 타서 차(茶)처럼 드셔도 되고요."
"이거 잘 챙겨 먹고 얼른 건강해지겠습니다. 고맙습니다."

나는 그 효소를 아침마다 만드는 지중해식 샐러드에 단맛을 가미하는 데 사용했다. 사실 그 무렵 나는 두 번에 걸쳐 구강암 수술을 끝내고 나서 항암에 좋다는 효소들을 구해서 먹기 시작했었다. 항암에 좋다는 열매나 식물을 직접 구해 효소를 담그기도 했었다. 한 번은 미국자리공 열매를 까마중이라 착각하고 채취해 효소를 만들었다가 내다 버린 일도 있다. 그런 어처구니없는 일을 저지를 정도로 반쯤은 정신이 나간 상태로 투병했던 거 같다. 죽을 고비를 넘기고 나니 그만큼 생(生)에 대한 욕망이 커서 알게 모르게 저지른 실수가 많지 싶다.

전선자 씨가 돌아가고 나서 나는 개복숭아의 효능에 관한 자료를 찾아보았다.

그이의 말처럼 기관지에 좋고, 항암에도 좋았다. 피부 미용, 변비 · 피로 · 숙취 해소, 니코틴 해독, 혈관 건강, 심혈관 건강, 고지혈증 개선, 혈당 조절, 눈 건강 증진, 체중 감량, 스트레스 및 불안 감소, 노화를 방지하는 항산화, 항염, 위장 건강 개선, 면역력 강화에도 효과가 있다고 전문가들은 입을 모았다. 한마디로 만병에 좋았다. 그러니 야생(野生)에서 나는 것으로 고치지 못할 병 없다는 말이 있는 것이리라. 나 역시도 자연에서 얻는 걸로 몸을 치료할 수 있다는 굳건한 믿음을 갖고 있다. 나는 전선자 씨가 건네준 개복숭아 효소가 든 병을 가만히 바라보다가 입을 떼 본다.

"개복숭아!"

보통 '개'라는 말이 일부 식물 명사 앞에 붙으면 '야생의' 또는 '질이 떨어지는'의 뜻을 더하는 말로 통용된다. 그런데 '개' 자가 앞에 붙지 않은 열매보다 '개' 자를 훈장처럼 떡하니 앞에 붙이고 있는 열매가 약성이 더 좋게 느껴진다. '개'자 대신에 '돌'자를 붙이기도 하는데, '개'나 '돌' 자가 앞에 붙은 건 그 단어에 대한 해설 그대로 다 야생이다. (그 효능이 알려져 대량으로 재배되기 전에는 말이다). 모진 풍파를 견뎌내며 살아남으려는 삶에 대한 악착성이 결국 약성으로 이어진 게 아닌가 싶다.

사실 나는 그동안 개복숭아 열매보다 꽃에 관심이 더 많았다.

내가 산책을 즐기는 야산에는 개복숭아 나무가 한 그루 있었다. 비탈진 밭두렁에 있는 나무는 봄이면 다섯 개의 꽃잎을 가진 꽃을 피웠다. 그러면 호젓한 산길이 환해졌다. 그때마다 나는 그 나무가 만들어 주는 꽃그늘 밑에가 잠시 서 있고는 했다. 중심이 되는 산책로에서 살짝 벗어난 곳에 있는 나무 아래로 내 산책 시간대에 찾아오는 이는 없었다. 그래서 나 홀로 꽃나무를 차지할 수 있었다. 물론 나보다 먼저 개복숭아 나무에 와 있는 수십 마리 벌들이 꽃을 더 깊이 탐했지만 말이다. 그 야산으로 산책하러 나가지 못하는 곳에 있을 때도 개복숭아 나무는 내 마음에서 꽃을 피우고, 벌이나 새를 불러들이고는 했다.

그런데 어느 날 야산에 갔더니 나무가 베어지고 없었다.

"세상에나!"

아마도 나무 주인은 밭두렁에 있던 나무가 밭농사에 방해가 된다, 고 여겼나 보았다. 개복숭아꽃의 아름다움이나 개복숭아 열매의 약성을 알고 있는 사람이기는 하나 벌이나 새가 날아오는 게 귀찮았을 수도 있다. 주변 밭 농작물이 열매를 맺는 철이면 새들을 쫓는 다양한 장치들이 등장하지 않든가. 전후 사정이야 어찌 되었든 봄날에 만끽하던 풍경 하나를 잃은 그 날 마음이 아리고 좀 울적했다.

기억을 더듬어 보면 그런 상실감에 마음 아팠던 때가 몇 번 더 있다.

내가 소녀 시절을 보내던 고장에서는 경지정리 사업이 행해졌다. 그럴듯한 이유 아래 시행된 사업이 끝났을 때 내가 좋아하던 몇 가지가 들판에서 싹 사라지고 말았다. 곡선미가 빼어나던 구불구불한 논두렁, 크기와 모양이 다른 논배미, 메기를 잡고 놀던 높낮이가 다른 농수로, 논 한구석에 자리 잡고 있던 커다란 바위와 나무를 찾아볼 수 없었다. 눈에 보이는 건 그저 네모반듯하게 구획된 논들뿐이었다.

아마도 그때의 상실감 때문일 테다. 인도나 네팔 오지에 갔을 때 경지정리가 되지 않은 논이나 밭 가운데 떡하니 버티고 서 있는 바위나 나무를 발견하면 그지없이 반가웠다. 그런 풍경을 발견하면 매번 걸음을 멈추었다. 그러고는 그 광경을 잠시 바라보았다. 그럴 때마다 '기술 진보의 수준에 적합하게' 농토의 모양을 바꾸지 않는 그 고장 사람들이 고마웠다. 바위나 나무에 깃들어 있는 것들을 소중히 여기는 그들의 심성에 머리가 숙여졌다.

개복숭아꽃이 피어나는 계절이 되면 어김없이 생각나는 야산 밭두렁에 있던 개복숭아꽃 색깔은 흰색에 가까웠다. 나중에 알고 보니 개복숭아꽃은 흰색 계열과 분홍색 계열 두 종류가 있었다. 꽃잎이 홑겹인 흰 꽃은 우리나라 토종 개복숭아꽃이고, 겹꽃인 진한 분홍색 꽃은 중국이 원산이라고 들었다. 겹꽃을 피우는 개복숭아 나무는 수양 개복숭아나 꽃 복숭아로도 불린다고 한다.

내가 좋아하는 또 한 그루의 개복숭아 나무가 있던 곳은 '북촌마을서재' 뜰이다. 한옥마을의 이두운 잿빛 기와를 배경으로 진분홍 겹꽃이 피어날 때 그곳 풍경은 그야말로 장관이었다. 그래서 그 나무에 꽃이 피는 때가 되면 나는 일부러 상경하고는 했다. 내가 그 개복숭아 나무를 발견하게 된 건 서울 북촌을 주기적으로 드나들던 때다. 그때 나는 몇 명의 시인과 독자들을 모아 북촌문화센터에서 시를 낭독하는 일을 했다. 신작 시를 써 와서 발표하는 일도 했다. 그곳에는 일반인이 예약하면 이용할 수 있는 공간이 몇 군데 있다. 조선시대 세도가들이 살았던 근대 가옥이라 풍취도 좋았지만, 무엇보다 무료로 이용할 수 있어서 편리했다.

그런데 어느 해 봄에 갔더니 나무가 온데간데없이 사라지고 없었다.
"여기 있는 개복숭아 나무 어디로 갔어요?"

그곳에서 일하는 듯한 사람을 붙들고 나는 거의 울먹이는 목소리로 물었다.
"뱄어요."
"왜요?"
"……."
그 사람은 아무 대답을 하지 않고 할 일을 하러 가버렸다.

나는 툇마루에 앉아 그 나무가 있었던 자리를 보며 한숨을 푹푹 내쉬었다. 나무를 잘라버리기로 한 사람이 누구인지 알 수 없었으나 그를 원망하는 마음마저 생겼다. 모르긴 해도 그런 무지막지한 결정을 내린 사람은 아름다운 것 앞에서 걸음을 멈출 줄 모르는 사람일 테다. 분명 그 사람의 삶은 무미건조할 뿐만 아니라 우울할 테다. 알 수 없는 대상을 향해 저주를 퍼부어도 슬픈 마음이 가시지 않았다. 불행 중 다행인 건 그 나무가 내 사진첩에서는 활짝 웃고 있다는 거였다.

사랑의 각도

어김없이 개복숭아꽃이 피는 계절이 돌아왔다. 내 정원의 담장 밑 진달래와 모란 사이에 개복숭아 나무가 한 그루 있다. 이제 막 꽃봉오리에서 진분홍색을 내미는 중이다. 꽃이 활짝 피어나면 추억 속의 개복숭아 나무들도 다시 꽃을 피울 것이다. 살맛 나는 봄이다. 어찌 삶을 껴안지 않을 수 있겠는가!

나는 정원을 사랑한다

"어머!"

여행을 다녀온 사이에 잡풀로 뒤덮인 정원을 손질하던 나는 환호성을 내질렀다. 수국 밑에서 꽃봉오리 두 개를 발견했기 때문이다. 긴 연두색 줄기 위에 주홍과 주황이 뒤섞인 꽃봉오리가 꼿꼿이 서 있었다.

"상사화잖아! 아니, 이 꽃이 어떻게 지금 피지?"

나는 상사화 주변의 웃자란 풀을 조심조심 뽑아내며 혼잣말을 했다. 땀에 흠뻑 젖으며 풀을 다 뽑느라 녹초가 된 몸으로 노트북을 켜고 상사화를 검색했다. 결론부터 말하자면 그 꽃은 상사화라고도 불리나 엄밀히 따지자면 상사화류에 속하는 꽃무릇이었다.

꽃무릇은 이틀 후 활짝 폈다. 조금 떨어진 곳에서도 한 송이가 더 피었다. 한껏 기교를 부려 뒤로 말아 올린 꽃잎 사이사이로 길게 솟은 여러 개의 수술을 단 자태는 마치 현란한 꽃 바람개비 같았다.

검색해 보니 꽃무릇은 이름이 여러 개다. 그런데 대부분이 죽음을 연상시키는 것이었다. 사인과, 장례화, 유령화, 지옥화, 저승화……. 독성이 있어 사람이 먹으면 죽을 수도 있기 때문인 듯했다. 그러나 치명적인 독을 지닌 꽃과 달리 뿌리는 전분이 풍부해서 기근이 든 시절의 구황작물이었고, 그 전분으로 쑨 풀은 사찰의 탱화를 그릴 때 활용했다고 한다. 일본에서는 수선화과에 속하는 알뿌리 식물인 꽃무릇을 논밭의 둔덕에 심어 쥐, 두더지, 벌레 따위가 농작물을 망치지 않도록 했다는 기록도 있다.

원산지인 중국에는 꽃무릇에 얽힌 비극적인 설화가 전해진다.

송나라 폭군 강왕은 신하의 매력적인 아내 하 씨에게

반해 강제로 그녀를 후궁으로 들인다. 하 씨가 눈물 흘리며 후궁 되길 거부했으나 허사였다. 남편 한빙은 죽음을 무릅쓰고 읍소하다 추방당해 자결한다. 소식을 들은 하 씨는 성벽 아래로 몸을 던져 죽는다. 그녀의 소맷자락에는 이런 글씨가 적혀 있었다고 한다. '왕께서는 저와 사는 것이 행복이겠지만 저는 죽음이 행복입니다. 시체를 부디 남편과 함께 묻어주십시오.'

그러나 강왕은 그녀의 간곡한 유언을 찢어버린 뒤 하 씨와 하빙의 무덤을 멀리 떨어진 자리에 썼다. 강왕의 사악함에 울던 하늘이 하 씨와 남편 한빙을 다시 만나게 했다. 몇 년 뒤 두 무덤에서 자라난 나무가 뿌리와 가지를 뻗어 서로 뒤엉킨 연리지가 되었다. 그때 한 쌍의 원앙이 서로 목을 비비며 울었고, 그 후 연리지를 상사수(相思樹)라 하였다. 이 나무에서 핀 꽃이 바로 석산(돌마늘)이라고도 불리는 꽃무릇이라 한다.

9월에 뿌려도 되는 씨앗을 몇 종 파종한 뒤 매일 꽃무릇을 살펴보았다. 친구에게도 꽃무릇 얘기를 했다. 꽃무릇보다 사흘 먼저 핀 구절초 소식도 전했다. "그 정원에는 꽃무릇도 있네. 없는 게 없구나. 그래도 나는 구절초가 더 좋아. 왠지 큰 꽃은 싫더라. 작은 꽃이 예뻐!"

작은 꽃이 더 예뻐 보인다는 친구 말에 나도 맞장구를 쳤다. "화분에 심은 달개비가 유난히 더웠던 올여름에 계속 비실대더니 꽃을 작게 피웠는데, 정말 예쁘더라!"

우리는 작은 꽃 예찬을 늘어놓았다. 실제로 달개비의 꽃밥 있는 노란 수술과 대비되는 파란 꽃이 예뻐서 나는 틈만 나면 베란다 난간에 올려놓은 화분을 들여다본다. 구름이 변화무쌍한 하늘을 바라볼 때처럼 행복해하며.

"구절초가 피면 가을이야!" 이 말을 입버릇처럼 되뇌며 아침저녁으로 구절초를 관찰하던 나다. 꽃 피는 때를 놓치고 싶지 않아 수시로 구절초 주변을 맴돌았다. 내가 이렇듯 구절초를 좋아하는 이유는 그 식물의 왕성한 생명력 때문이다.

구절초를 키워본 사람은 알 터이다. 설령 구절초를 정원이 아닌 작은 화분에 심어놓더라도 극한 폭염과 폭우를 거뜬히 이겨낸다는 것을. 서늘한 바람이 불기 시작하면 하늘을 보며 줄기 끝에 딱 한 송이씩 피어나는 꽃. 줄기가 가늘어 바람이 불어올 때마다 한들한들 몸을 흔들며 짙은 향기를 내뿜는 꽃. 그 자태에도 향기에도 마냥 행복해진다, 나는.

생명력이 강한 꽃들은 약효도 좋다. 우리의 옛 여인들은 딸이 시집갈 때 혼수 품목에 구절초를 넣었다. 음력 9월 9일에 꽃과 잎이 달린 상태로 구절초 줄기를 채취해 말린 뒤 달여 마시면 생리통, 생리불순, 난임에 효과가 있다고 한다. 현대 의학에서도 구절초의 효능에 힘입어 태어난 아기를 '구절초 베이비'라 부른단다.

옛 어른들은 구절초가 지닌 항균, 항바이러스 효과를 지혜롭게 활용했다. 떡 위에 구절초 잎을 얹어 떡이 상하지 않도록 했고, 말린 구절초를 한지에 싸서 옷장에 넣어 옷에 좀이 스는 걸 방지했다. 구절초의 효능은 아주 다양하다. 피를 맑게 하고, 스트레스를 해소하는 효능도 있다. 말린 구절초를 메밀껍질과 섞어 베갯속에 넣어 베면 마음을 안정시킬 수 있다고 한다. 올가을에는 그런 힐링 베개를 하나 만들어야겠다. 올해는 꽃을 좀 채취해 차를 만들어 우려 마시면서 머릿속도 좀 정화해 볼 생각이다.

이렇듯 정원은 나에게 철철이 먹거리를 제공해 주는 동시에 크나큰 기쁨을 준다. 꽃과 푸성귀를 심을 수 있는 작은 정원이 있다는 사실 그 자체가 나에게는 큰 위안이다. 물론 정원을 손질하고 나면 꼭 몸살을 한다. 지난해 봄에는 땅콩 모종을 50포기 내고 허리 통증이 심해 병원에 다녔고, 올가을에는 무성한 잡초를 뽑은 뒤 몸살 났다. 그렇지만 나의 작은 정원은 내 영감의 원천이다. 정원에서 얼마나 많은 글감을 얻었는지 모른다. 평론가이자 시인이기도 한 친구가 나에게 이렇게 말할 정도다.

"정원 시만 추려서 시집으로 묶어!"

여성 최초로 노벨문학상을 받은 스웨덴 작가 셀마 라겔뢰프(Selma Lagerlöf)의 『닐스의 모험(Nils Holgerssons underbara resa genom Sverige)』을 나는 좋아한다. 「일식」은 내가 더 좋아하는 그녀의 단편소설이다. 나는 그 소설 속 여자들의 외로움에 깊이 공감한다. 그녀들이 가정을 꾸리고 사는 마을은 교구의 변두리, 돌이 많고 척박해 부자들의 탐욕이 미치지 않는 곳에 있다.

판잣집에 사는 여자들은 남편들이 일하러 나가고 나면

가끔 커피잔을 앞에 놓고 둘러앉는다. 아이의 첫 이가 났을 때, 아이가 첫걸음마를 했을 때, 멀리 가서 사는 자식이 편지와 함께 돈을 보냈을 때, 이불을 시침질하거나 베틀에서 내린 베를 당겨서 펴야 할 때……. 그녀들은 커피나 직접 구운 쿠키를 앞에 놓고 둘러앉는다. 그 누추하고 소박한 삶에 일식이라는 대자연의 변화가 찾아온다. 그녀들은 일식 날에 모여 환한 태양을 기다리며 작은 파티를 열고, 태양을 예찬하는 노래를 부르며 위로받는다.

그러나 이 소설에서 내게 각인된 장면은 그녀들이 작은 파티를 여는 정경이 아니다. 그녀들이 각자 판잣집에 딸린 고구마밭을 열성적으로 가꾸는 장면이었다. 어떤 이의 밭은 장원(莊園 중세의 귀족이나 교회가 소유하던 토지)의 외양간을 지을 수 있을 정도로 많은 돌을 추려내야 했다. 누군가의 밭은 무덤만큼 깊은 도랑을 파야 했고, 또 누군가의 밭은 부대에 흙을 담아 옮겨서 크기를 가늠할 길 없는 바위를 파묻어야 했다.

「일식」 못지않게 내가 감동한 또 하나의 책도 있다. 『작은 생명이 건넨 위대한 위로』라는 책이다. 작은 씨앗 하나를 심고, 그것을 키우는 과정을 통해 자기 내면의 상처를 치유하는 이들의 고통과 환희를 고스란히 느끼며 나는 펑펑 울었다. 그렇다. 정원은 감격에 겨워 울게 하는 위력을 갖고 있다.

요즘 나는 정원에서 성장에 대해 성찰한다. 나무들은 봄부터 가을인 지금까지 끊임없이 성장하고 있다. 가지 끝에 끊임없이 연두색 새순을 만들어 내면서 말이다. 그 연두색이 초록이 되면 그 위에 또 연두색 새순을 내민다. 가지 하나를 잘라내면 더 많은 가지를 만들어 내민다. 성장이 어떤 것인지를 몸으로 말한다. 강렬하다.

정원은 사시사철 나를 위로하는 동시에 내 성장을 돕는 최상의 장소다.
정원은 나의 한숨, 눈물, 하소연을 말없이 받아주는 엄마의 품이다.
정원은 나의 독백을 가만히 들어주는 친구다.
정원은 원하는 열매를 맺기 위해 얼마나 인내해야 하는지,
얼마나 운이 따라야 하는지 가르쳐 준다.

나는 정원을 사랑한다.

눈 속에 핀 장미여!

첫눈이 내렸다. 117년 만의 첫눈 폭설이라고 한다. 엄청난 양의 눈과 함께 나를 어리둥절하게 만든 게 있다. 2년째 비어 있는 앞집 마당의 장미다. 꽃의 붉은빛이 하얀 눈 속에서 더 도드라져 보인다. 초겨울에 핀 장미! 며칠 전에 명옥 씨와 나눈 대화가 생각난다.

"단계주공아파트에서 원주종합버스터미널로 가는 길에 장미꽃밭 있잖아요? 거기 아직도 장미가 만발해 있어요. 유월도 아닌데요."
"우리 집 정원 장미는 올해 세 번 피었어요. 무서리 세 번 맞고도 봉오리가 빨갛게 피어 있어요. 향기도 강하고, 아름다워요. 장미가 이렇게나 생명력이 강하다는 걸 올해 처음 알았어요."

"저도 며칠 전에 뜨락에 나갔다가 깜짝 놀랐어요. 잎이 말라 바람에 바스락거리는 라일락 나뭇가지에 꽃이 피어 있더라고요. 작은 꽃송이들이 여기저기 피어나 있었어요. 그런데 신기한 마음은 잠시뿐이었어요. 기후변화로 생긴 현장에 서 있다고 생각하니 착잡했죠. 그래도 꽃이 신기해서 만지면 부서지는 나뭇잎과 연한 보랏빛 꽃을 오래도록 바라보았어요."

"저는 며칠 전에 자라섬에 갔었어요. 진분홍 철쭉이 피어 있고, 구절초도 하얗게 피어 있었어요. 황톳길 주변에 냉이도 가득했고요."

"제가 매일 가는 야산 산책길에도 철쭉이 송이송이 피어 있고, 쑥도 무성하게 돋아나 있어요. 쑥 캐는 어르신도 있더라고요. 오일장에 나갔더니 냉이 캐 갖고 와서 파시는 분도 더러 있었고요."

우리는 겨울에 볼 수 있는 봄나물과 꽃 얘기를 나누면서 점점 마음이 심란해졌다. 명옥 씨가 말했다.

"오늘 남편이 시중에서 유통되는 생수 93%에서 미세 플라스틱이 검출됐다는 신문 기사를 캡처해 보냈더라고요. 미세플라스틱이 생리통을 악화시킬 수도 있다고 하면

서요. 딸애가 생리통이 심하거든요."

"그래서 저는 생수 끊은 지 좀 됐어요. 수돗물을 유리병에 담아 햇빛에 6시간에서 10시간 정도 둬요. 그렇게 하면 자연 소독이 된대요. 그 물로 커피 끓이고 밥하고 국 끓여요. 생수 사 쓰니까 너무 많이 나오는 플라스틱병을 우그러뜨려 버릴 때마다 죄책감이 들었거든요."

우리가 나눈 교란 상태에 빠진 식물들과 혼란한 세상 얘기…….

나는 뜨락으로 나갔다. 초록이 무성했다. 벌써 세 번의 서리와 한 번의 우박이 엄청나게 내렸는데도 말이다. 제철 아닌 상추가 싱싱하고, 가지와 피망이 조랑조랑 달려 있고, 바질은 새잎을 내놓는다. 폭우와 폭염이 기승을 부리던 여름에는 오히려 기를 못 펴던 푸성귀들이 가을로 접어들 무렵부터 맹렬히 열매를 매달기 시작하더니 아직도 수확의 기쁨을 선사해 준다.

혼란스러운 기후에서 살아남기 위해 스스로 유전자를 변형하는 뜨락의 식물들을 지켜보면서 나는 늦가을에 몇 종류의 씨앗을 뿌리고, 모종도 사다가 심었다. 농사꾼이 아니어서 종자에 대한 정보가 거의 없는 상태로 말이다. 가을에 씨 뿌리고 모종을 내기는 난생처음이었다. 그건 오로지 황량한 계절에도 식탁에 신선함을 더하고, 생활비를 절약하자는 계산에서였다.

우선 요리할 때 쓰려고 사 뒀던 통마늘을 몇 개 쪽을 내어 산수유나무 근처에 심었다. 그랬더니 금세 싹이 나 달포 지난 지금까지 족히 20센치미터는 자랐다. 쪽파 모종을 담장 밑에 심었더니 금세 흙내를 맡고 자라 요즘은 깍두기 담글 때 요긴하게 뽑아 쓰고 있다. 쪽파가 싱싱하게 자라는 걸 보고 나서 사다 심은 건 양파 모종이다. 그것 역시 초록 송곳으로 허공을 찌르며 잘 자라고 있다.

그다음에 내가 한 일은 씨앗을 몇 종 주문해서 뜰 구석구석에 뿌린 것이다. 루꼴라, 시금치, 월동춘채, 유채, 봄동 씨앗을 뿌렸다. 고양이를 위해 보리 씨앗도 군데군데 뿌렸다. 그중에는 형광빛 나는 파란색과 보라색 씨앗도 있어 무척 신기했다. 흙으로 덮기 전 씨앗 사진을 찍어 친구들에게 보여주기까지 했다. 그 씨앗들은 금세 싹을 내밀더니 감나무 잎이 다 떨어진 초겨울의 정원을 생기 넘치게 만들고 있다.

뜰에 나가는 일은 매우 즐겁다. 나는 초록 푸성귀들을 솎아낼 때 손가락 끝에 닿는 여린 것들의 감촉을 좋아한다. 그 푸성귀로 샐러드를 만들고 나물을 무치고 국을 끓이면 싱그러운 맛이 일품이다. 음식 맛은 역시 신선한 재료가 전부라는 사실을 새삼 깨닫는다. 그것이 뜰에서 얻는 즐거움 중 하나다.

나는 푸성귀들을 그저 바라보는 일 또한 즐긴다. 그래서 매일 일삼아 뜰을 어슬렁댄다. 고양이와 함께 말이다. 그러다 일주일쯤 전에 시험 삼아 회양목 근처 땅을 파고 고수 씨앗을 뿌려뒀다. 겨울 입구에서 파종하면서 내가 믿은 건 씨앗의 힘이다. 과연 어느새 뾰족한 새싹이 땅을 밀치고 올라왔다. 나는 환호했다.

지난해까지만 해도 겨울이 시작될 때 내 뜰에는 꽃이 전혀 피어 있지 않았다. 구절초는 희디흰 빛을 잃었고, 국화는 샛노란 빛을 잃었고, 메리골드 역시 찬란한 주황빛을 잃었다. 그런데 올해는 다르다. 꽃들이 아직 뜰에 남아 있다. 망초와 이름 모를 분홍 꽃도 피어 있다. 기이한 일이다.

겨울인데도 온실이 아닌 뜰에서 봄꽃, 여름꽃, 가을꽃을 보는 일은 분명 기쁜 일이다. 무채색의 세계에서 유채색을 보는 일이란 얼마나 귀한 일이란 말인가? 그런데 제철 아닌 철에 색채와 향기를 뿜내는 꽃을 보는 게 괴롭다.

꽃과 아기를 보면 저절로 웃게 된다. 나는 그렇다. 그런데 하얀 눈 속에 피어 있는 장미꽃을 보고는 웃음이 나오지 않는다. 문명의 이기(利器)를 누리며 사는 나 역시도 꽃나무들을 교란에 빠뜨린 자일 테니 말이다.

아, 눈 속에 핀 장미여!

새를 기다리는 시간

 그 나무를 처음 본 건 일본의 규수 아소산 자락에 있는 한 온천마을에서였다. 때는 겨울이라 30여 개의 료칸이 있는 마을은 어두운 색으로 뒤덮였고, 산에서 내려오는 온천수는 마을을 가로지르는 계곡을 흘러가면서 새하얀 수증기를 뿜고 있었다.

 나는 그곳 명물인 슈크림 빵을 들고 먹으면서 친구와 함께 마을을 느릿느릿 산책했다. 생활도자기를 파는 가게에서는 핸드드립용 커피 도구들을 사기도 했다. (그것들의 사용감이 좋아서 이듬해 그 가게를 다시 찾아갔는데 주인과 물건이 바뀌어 아쉬웠다.) 나무 울울한 계곡 풍광을 감상하며 즐기던 노천욕은 더없이 좋았다. 그러나 그 마을에서 가장 인상 깊었던 건 온천이 아니다.

지금도 생생하게 떠오르는 건 한 그루 나무이다. 이파리 한 장 없는 나목에 큼직한 주황빛 열매가 주렁주렁 매달려 있는 걸 마을을 어슬렁거리다가 보았다. 겨울 차디찬 대기 속에서 주황빛은 단연 돋보였다.

나무가 보이지 않는 끈으로 나를 잡아당기는 것 같았다. 가까이 갔을 때 나는 또 한 번 놀랐다. 주황빛은 나무가 맺은 열매가 아니었다. 누군가가 커다란 감귤을 반으로 잘라 나뭇가지마다 꽂아 둔 거였다. 내가 나무 앞에 서 있는 동안 새들이 사방에서 날아와 새콤달콤한 감귤을 쪼아먹었다. 오롯이 새들만을 위한 열매였다.

그 여행에서 돌아온 뒤부터 나는 새들이 먹이를 구할 수 없는 혹한의 계절에 산에 갈 때면 언제나 가미가 안 된 견과류, 잘게 자른 고구마, 사과 따위를 챙겨가기 시작했다.

한겨울에 즐겨 찾는 곳은 치악산 세렴폭포다. 바위와 바위 사이로 힘차게 흘러내리는 폭포를 보기는 어렵지만 폭포가 물줄기 형태로 얼어붙은 장관에 매번 감탄한다. 한겨울에도 나는 신록 무성한 계절과 다름없이 폭포가 정면으로 바라보이는 계곡에 앉아 있곤 한다.

나목으로 둘러싸인 바위에 앉아 보온병에 담아 온 차를 마시고, 깍둑썰기 한 고구마와 사과를 숲 군데군데 놓아둔 뒤 해바라기씨나 호박씨를 손바닥에 놓고 팔을 뻗는다. 그러면 새들이 날아와 손바닥에 앉는다. 새들은 내 손바닥 감각을 깨우며 씨앗을 쪼아먹는다.

내가 유독 새를 좋아하는 건 새가 지닌 낙천성과 자유로움 때문일 테다. 새들을 정원으로 불러 모으기 위해 해마다 대봉감을 다 따지 않고 서른 개 남짓 감나무에 남겨 둔다. 그러면 1월이 다 가도록 새들이 날아와 그걸 쪼아 먹는다. 참새, 박새, 곤줄박이, 직박구리, 까치, 까마귀…….

종(種)이 다른 새들이 한꺼번에 감나무에 앉아 홍시를 쪼아먹지는 않는다. 이를테면 참새들이 홍시를 쪼아먹고 있을 때 날아온 직박구리는 날개를 쫙 펴고 참새들 가까이에서 한 바퀴 휙 선회한다. 그러면 참새들은 후다닥 날아간다. 홍시를 쪼아먹으러 오는 새들을 바라보고 있노라면 새들의 세계에도 위계(位階)가 있다는 걸 실감하게 된다.

그런데 참 기이한 일이 있었다. 이탈리아 여행을 다녀온 분이 나에게 빵을 하나 선물로 준 적이 있다. 몸체에 여러 개의 골이 파인 원탑 모양의 빵은 이탈리아 베로나(Verona) 지역의 전통적인 크리스마스 빵이라는데, 황금빛 띤 빵을 가로로 자른 단면이 마치 별이나 크리스마스 장식처럼 보였다. 나는 그 빵을 한 조각만 먹고, 커다란 쟁반에 담아 테라스 난간에 올려두었다. 그랬더니 곧 여기저기서 새들이 날아왔다.

감나무 홍시를 먹을 때 와는 달리 작은 새, 큰 새가 다투지 않고 옹기종기 둘러앉아 빵을 쪼아먹었다. 매우 부드럽고 달콤한 그 빵 맛에 취해서 힘이 약한 새를 쫓을 생각조차 못 하는 것 같았다. 먼 나라에서 온 그 크리스마스 빵이 새들에게는 그 순간 종을 초월하게 만드는 영적 선물 같았다.

나는 지나치게 가미된 빵들을 좋아하지 않는다. 유전자 조작 밀가루로 만든 빵은 아예 사지도 않는다. 그래서 우리나라 토종 밀을 이용해 빵을 만드는 곳에서 파는 빵이나 쌀로 만든 빵을 산다. 어느 날 우리 쌀로 만들었다는 빵을 사 온 적이 있다. 나는 새들을 가까이 부르고 싶어 그 빵을 테라스 난간에 둔 바구니에 담아놓았다. 그런데 새들이 입도 대지 않았다. 이유는 알 수 없었다. 그다음부터는 그 빵은 아예 사지 않았다. 새들이 입도 대지 않는 빵은 사람 몸에도 좋지 않을 것 같았기 때문이다.

정원에 새들을 불러들이기 위해서 내가 두 번째로 한 일은 봄에 마가목을 한 그루 사다가 담장 근처에 심은 것이다. 그 나무가 봄에 피우는 새하얀 꽃은 벌과 나비가 좋아하고, 가을에 드는 단풍은 사람이 좋아하고, 붉게 맺히는 열매는 새가 좋아한다고 들었다. 실제로 그랬다. 사다 심은 지 3년이 지났을 때 나무는 제법 많은 열매를 맺었다. 새들은 송이송이 열린 그 붉은 열매를 따 먹으러 왔다.

내가 마가목에 더 정이 든 건 〈리빙 : 어떤 인생〉이란 제목으로 국내에 개봉된 영국 영화 때문이다. 그 영화에는 '로엔 트리(Rowan Tree)' 스코틀랜드 민요가 나온다. 주인공 윌리엄스가 살날이 얼마 남지 않았다는 사실을 알게 되었을 때 떠난 바닷가 휴양지 술집에서 부르는 노래다.

그가 난생처음으로 소신껏 밀어붙인 일을 한 장소에서 눈을 맞으며 죽음을 맞이할 때도 그 노래를 부른다. 세파에 휩쓸린 윌리엄스가 간절히 찾고자 했던 '순수한 시절'을 상징하는 나무가 바로 추억 속 고향 마을에 있는 '로엔트리'였다.

윌리엄스를 쓰다듬은 마법의 나뭇가지 로엔트리가 바로 마가목이었다. 그 사실을 알게 되었을 때 나는 정원에 있는 마가목에 더 애정이 갔다. 어떤 사물이든 이야기가 덧입혀지면 더 멋있게 보이는 법인가. 여하튼 나의 마가목에 날아와 지저귀는 새들을 보는 일은 사는 즐거움 중 하나다.

유심히 지켜본 결과 새들이 내 정원에서 제일 좋아하는 건 씨앗이다. 새들은 바질이 맺은 작디작은 열매와 들깨의 깨알 같은 씨앗을 열심히 쪼아먹었다. 그래서 나는 풋 씨앗이 맺힌 들깨 송이를 꺾어 부각을 만들지 않고 늦가을까지 버려두었다. 그랬더니 그곳에 새들이 떼로 모여 재잘대곤 했다.

가끔 씨를 뿌리지 않은 곳의 흙을 깊이 파서 뒤집어 놓는다. 그러면 포슬포슬해진 흙더미는 곧 새들의 수영장이 된다. 새들이 와르르 내려앉아 몸을 이리 뒤집고 저리 뒤집으며 흙 목욕을 즐긴다.

  새들은 벌레나 씨앗이 많은 철에는 간식을 줘도 쳐다보지 않는다. 자연의 식탁에 차려진 것을 능가할 맛은 없는 것이다. 그래서 나는 새들이 먹이를 구하기 힘든 겨울철에만 먹이를 준다. 감나무에 남겨 둔 주황색 홍시가 다 사라지고 나면, 나는 감나무에 사과를 매달아 둔다. 정육점에서 얻어온 비곗덩어리도 매달아 둔다. 돌확에 맑은 물도 담아 둔다. 모든 준비를 마치고 나면, 새들이 찾아와 주기만을 조용히 기다린다. 때로는 나도 모르게 그들을 부르듯, 새들의 소리나 날갯짓을 흉내 내 보기도 하면서.

  그렇게 긴 겨울을 난다.

사랑의 각도

 필명(筆名)이 있는 사람이 있다. 글을 발표할 때 쓰는 본명 이외의 이름 말이다. 시인이 되기를 꿈꾸던 청소년기에는 필명을 가졌던 나는 시인이 된 뒤에 필명은 쓰지 않고, 본명을 쓴다.

 목인(木人). 사전에서는 뜻을 이렇게 풀이한다. 나무로 만든 사람 형상. 그러나 그 풋풋하던 시절에 나는 그 말을 '나무 같은 사람'이라는 의미로 해석하고 필명으로 썼다. 그 시절의 교지(校誌)에는 그 필명이 내 본명 대신 적혀 있다.

 그 꿈같은 시절에는 주변 사람 모두가 시인이 되려는 나를 열렬히 지지해 주었다. 아버지는 내가 투고한 글이

잡지에 실리면 그걸 주변에 알리며 자랑스러워하셨고, 교내외 백일장에서 상을 타면 가족이 모두 기뻐했다. 이웃이나 선생님들도 마찬가지였다.

손에서 읽을 책을 놓지 않고, 일기를 길게 쓰고, 문학소녀의 감상에 젖어 사는 나를 모두가 특별하게 대우해 주었다. 밥벌이를 제대로 하지 못할 수도 있는 꿈을 가졌어도 사람들은 하나같이 존중해주었다. 모두들 내가 글 쓰는 일에 자긍심을 갖도록 해 주었고, 되돌아보면 참 근사한 세월이다.

내가 좋아하는 책이나 습작 노트를 갖고 즐겨 찾던 곳은 들판 가운데 떡 버티고 앉은 너럭바위나 집 둘레에 있던 감나무, 동구 밖에 있던 느티나무 아래였다. 보리나 밀밭의 초록 물결이 일렁일 때는 너럭바위를 찾았다. 그때 그 바위는 아름다운 섬이었다. 나는 그 바위에 엎드리거나 앉아서 책을 읽고, 글을 썼다. 아무 방해도 받지 않고 바람, 구름, 하늘, 먼 산을 감상했다. 고요를 즐겼다.

그러나 추수철이 지나 바위가 덩그렇게 드러나면 나는 너럭바위보다는 더 자주 나무에 올랐다. 나뭇가지에 걸터

앉거나 비스듬히 몸을 기대고 누워 독서삼매경이나 몽상에 빠지곤 했다. 아마도 그런 추억이 있어 어른이 된 지금도 나는 마음에 드는 나무를 찾아다니는 것이리라!

날씨나 계절이 바뀔 때마다 내가 찾아가서 바라보는 나무들이 있다. 그중 몇 그루는 내가 사는 원주에 있다.

"원주에서 저 자리가 제일 명당이야. 치악산이 가장 잘 보여."

원주 원도심 근처의 한 언덕, 6개 동이 들어서 있는 그 아파트 단지를 보면서 한 친구가 한 말이다. 원주에서 볼만한 건 '치악산'과 '새벽시장' 뿐이라는 말을 입에 달고 사는 눈썰미 좋은 그의 말을 듣고 나서 나는 그곳을 유심히 살펴봤다. 확실히 치악산을 조망하기에 안성맞춤이었다. 밝은 눈으로 보면 별 특징이 없는 곳도 부활한다는 사실을 느낀 순간이었다.

그이와는 다른 이유로 나는 그 아파트 단지를 무척 좋아한다. 순전히 그 아파트 단지 후문(개폐식 문이 아예 없다) 안쪽에 있는 나무 때문이다. 바깥 도로에서 아파트 단지로 진입하는 문의 양쪽에 회화나무가 각각 한 그루씩 서 있다. 둘 중에서 나는 오른쪽에 있는 나무를 더 좋아한다. 그 나무의 수형이 더 빼어나기 때문이다.

그 나무를 발견했을 때 나는 환호했다. 그러고는 해 뜨기 전, 해 뜬 후, 해 질 무렵에 보러 갔다. 티 없이 맑은 하늘, 새하얀 구름, 붉은 노을을 배경으로 그 나무 사진을 찍었다. 비가 오거나 눈이 내리는 날은 우산을 팽개친 채 마구 셔터를 눌러댔다. 새순이 돋아날 때, 꽃이 필 때, 열매가 맺힐 때, 단풍이 들 때, 낙엽이 질 때도 나무를 보며 놀았다.

그렇게 찍은 사진이 스톡 작가로 활동하던 ㈜토픽이미지스를 통해 산림청 산하 기관에 홍보용으로 팔리기도 했다. 그 나무는 나에게 신선한 행운까지 가져다주었다. 내가 그 나무를 통해 얻은 정서적 풍요에 비하면 보잘것없지만.

회화나무는 약재, 천연염료로 쓸 뿐 아니라 악귀를 물리쳐 줄 수 있는 마법의 묘약을 가지고 있단다. 집에 심으면 가문에 큰 인물이나 학자고 나온다고도 한다. 그래서 회화나무라는 길상목은 일명 '학자수(學者樹)'라고도 불린다. 임금이 관리에게 하사하기도 했다는 회화나무는 많은 학교의 교목이 되기도 하고, 서울특별시 강남구 일정한 구간에서 '가로수길'로 명성을 날린다.

여하튼, 회화나무의 면면을 하나씩 알아가던 어느 날이었다. 여느 때와 다름없이 그 나무를 보러 갔던 나는 그만 맥없이 그 자리에 주저앉고 말았다. 사진을 찍기 위해 바닥에 누울 때도 있고, 쪼그리고 앉을 때도 있었으나 이번에는 그래서 그런 게 아니었다. 아름다운 수형과 무성함을 자랑하던 그 나무가 일명 '토르소(TORSO) 나무'가 된 데 놀라 나자빠진 것이다.

해마다 무수한 가로수의 가지들이 잘려 몸통만 남은 기괴한 모습을 보기는 했다. 냉해를 입었다. 나뭇가지가 전선을 건드린다. 상가의 간판을 가린다. 나무가 잎을 너무 많이 떨군다……. 전부 인간의 병적 이기심 때문이다.

간신히 몸을 일으켜 나는 전기톱에 목과 팔이 무참히 잘려 나간 나무를 껴안았다. 나는 계속 미안하다는 말을 되풀이했다. 나무를 포옹했던 팔을 풀고 집에 돌아온 뒤로 한동안 나는 그 나무를 보러 가지 못했다. 상처 난 마음에 새살이 돋을 때까지 말이다. 그러다가 어느 날 다시 카메라를 챙겨 들고 그 나무를 보러 갔다.

"와!"

내 걱정과는 달리 굳건한 아름다움을 뽐내고 있었다. 아름다움엔 해탈한 듯한 상쾌함과 가벼움이 깃들어 있었다. 내 상처에 돋은 새살처럼 새순을 틔운 나무가 더없이 대견했다. 나는 나무를 얼싸안고 춤을 추는 대신 나무가 제일 멋지게 보이는 각도를 찾느라 나무 주변을 맴돌았다. 그러다 셔터를 눌러댔다. 귀에 들리는 셔터 소리가 어느 때보다도 경쾌했다.

"찰칵! 찰칵! 찰칵!"

말 걸기에 관한 단편

"내 이야기를 책으로 쓰면 몇 권은 되고도 남을 거요!"

나이가 지긋한 사람을 만나면 듣게 되는 말 중 하나다. 아마도 그 말을 하는 당사자의 삶이 그만큼 극적이었다는 뜻일 테다. 그리고 한편으로는 자기가 지금껏 살아온 이야기를 누군가에게 털어놓고 싶은 욕구도 은연중 드러낸 것일 테다. 우여곡절을 겪으며 살아온 긴 세월 동안 가슴에 쌓아 둔 이야기는 많은데, 그걸 허심탄회하게 털어놓을 상대가 마땅하지 않으니 그런 말을 하는 게 아닐까 싶기도 하다. 그런 사실을 새삼 확인하게 된 계기가 있다.

얼마 전에 존엄하게 죽는 방식에 관한 강연을 하러 제천노인종합복지관에 간 적이 있다. 그때 주최 측에서는 강연 재료로 책을 이용해 달라고 해 시집 한 권, 산문집 한 권을 선정했었다. 나는 강연에 참석한 80대 전후의 남성과 여성들에게 시집의 시와 산문집의 문장을 낭독하게 했다. 그러고는 떠오르는 감정들을 말하게 했다. 그랬더니 참석자 모두 청춘남녀 못지않은 표현력을 뽐냈다. 여태껏 한 번도 입 밖에 내본 적 없었다는 자기 삶의 내력들을 술술 풀어냈다. 능변가들은 아니었으나 담담한 어조로 말하는 진솔한 이야기들이 듣는 이의 심금을 울렸다.

그 강연 덕분에 나는 새로운 일을 한 가지 계획할 수 있었다. 그건 바로 노년기에 접어든 이들이 읽기 쉬운 그림책 목록을 만들어 보기로 한 것이다. 더 나아가서는 노인들과 함께 그 그림책들을 읽고 감상을 나누는 프로그램을 꾸려보고 싶은 소망도 가졌다. 그건 순전히 제천노인종합복지관에서 만난 노인들의 말 때문이다.

글씨가 깨알 같은 책은 눈이 어지러워서 속이 울렁거려요.
인쇄된 글씨가 좀 크면 좋겠어요.
젊은 사람 눈에 맞는 글씨라 읽기가 힘들어요.
노인 눈에 맞는 글씨로 만들어진 책도 있으면 좋겠어요.

그런 말을 들으며 나는 생각했다. 그림이 곁들여져 있고, 글씨가 큰 책이라면 노익장을 과시하는 이들이 수월하게 독서삼매경에 빠질 수 있지 않을까 하고. 눈이 어두워져도 가까이 할 수 있는 책이 있다면 치매에 걸리지 않을지도 모른다고.

내가 노인에게 제일 먼저 권하고 싶은 그림책은 콜린 톰슨이 쓴 『영원히 사는 법』이다. 영원히 사는 일을 주제로 토론도 해보고 싶다. 평온한 죽음을 준비하는 이들과 함께 '그림책 읽는 교실' 여는 일을 버킷리스트에 추가하고 나니 왠지 마음이 뿌듯해졌다. 그 연배의 사람들에게 절대적으로 필요한 게 '말을 걸 수 있는 사람'이나 '말을 걸어주는 사람'이라는 건 꽤 오래전부터 생활 속에서 절감했기 때문이지 싶다. 최근에도 한 사건을 통해 그걸 느꼈다.

내가 운영하는 책방에 백발의 여성이 찾아왔다. 척 봐도 80대로 보였다. 그 노인은 책방 문을 열고 안으로 들어와야 하나 말아야 하나 망설이느라 몇 번이나 책방 앞을 오갔다고 한다. 그러다 큰 용기를 내서 책방 문을 열었다고 한다. 그런데 그 노인이 책방에 온 목적은 책을 사는 게 아니었다. 그저 책방 주인인 나에게 책을 빌미로 대화를 나누는 것이었다. 딸이 사 준 시집 얘기, 삼월에 다녀온 여행 얘기, 텔레비전에서 본 여행 프로그램 얘기…….

나는 초면인 그 노인이 나에게 하는 두서없는 말을 들으며 맞장구를 쳤다. 그런 뒤에 비매품인 책을 한 권 선물했다. 얘기의 태반이 여행에 관한 것이라 아마추어 작가들이 쓴 여행에 관한 산문집을 선물했다. 그러고는 그 노인이 문을 나설 때 말했다. "이야기 상대 필요하시면 언제든 놀러 오세요!"

요즘은 세대 구성상 말 상대가 없는 경우가 많다. 집에서 혼자 생활하는 한 친구도 종일 한마디도 안 할 때가 있다고 한다. 그렇게 시간을 보내고 저녁이 되면 입이 바싹 바른다고 한다. 그런 때 친구는 사물에 말을 건다고. 명상을 오래 하기도 한 친구는 홀로 자전거를 타고 여행할 때도 사물에게 말을 건다고. 돌멩이, 나무, 풀, 강, 꽃…….

친구 말로는 자신의 주파수가 사물들과 같아져야만 사물들과 통할 수 있다고 한다. 그래서 사물에게 말을 걸 때는 마음이 고요한 상태가 될 수밖에 없다는 것이다. 나는 아직 심신 수련이 부족하여 친구와 같은 신비한 경험을 하지는 못했다. 그러나 살아오면서 사물에게 말을 건 때는 꽤 많다. 그 빈도가 제일 심했던 때는 결혼과 함께 낯선 도시에 뚝 떨어져 고립된 삶을 살 때다. 그때 나는 그 누구와도 제대로 된 소통을 할 수 없어 무지 고독했다.

그래서 다양한 사물에게 말을 걸었다. 옥상에 나가 참새들에게 모이를 던지며 "안녕, 참새!", 화초에게 물을 주며 "안녕, 나팔꽃!", 빨래를 널며 "안녕, 바람!"이라고 말했다. 안녕, 구름! 안녕, 초승달! 안녕, 북두칠성……! 심지어 나는 나의 유년과 고향에게도 말을 걸었다. 그런 말 걸기는 한 편의 동화나 소설로 탄생하고는 했다. 그러나 그 작품들을 지면에 발표하지는 못했다.

말을 걸 수 있는 대상이 있었기에 나는 그 고독한 시기를 무탈하게 통과할 수 있었던 것 같다. 그런 연유 때문인지 나는 '말 걸기'와 관련된 한 일화를 듣고 어느 원로 시인이 더 좋아지기도 했다.

어느 날 그 시인은 향수병이 도졌다고 한다. 회합이 있을 때면 좌중을 휘어잡는 열정적인 입담을 가진 사람이니 말 한마디 못 하고 혼자 지내는 날에는 말 상대가 몹시도 그리웠으리라. 시인은 무턱대고 고향의 아는 이에게 전화를 걸었다고 한다. 친분이 두터운 사이는 아니었으나, 그이와 고향에나 가야 쓰는 사투리를 주고받으며 장시간 통화를 했다고 한다. 그 일화를 듣고 나서 나는 생각했다.

'아, 위대한 시인도 어쩔 수 없이 고독한 인간이구나!'

고독을 주체하지 못할 때가 있는 원로 시인의 연약한 면모가 참으로 인간답게 느껴졌다. 이렇듯 인간이라면 누구나 말을 걸 대상이 있어야 건강한 삶을 살 수 있는 것이 아닐까 싶다. 그래서 어떤 시인은 자신이 순수를 잃지 않았던 시절에게 말을 거는 시를 쓰고, 또 어떤 시인은 미친 사람처럼 혼자 중얼대는 시를 쓰기도 하는 것이리라. 정도의 차이는 있겠으나 유명인이나 무명인이나 마음속에 묻어 둔 말을 하고 싶은 욕구는 다 강렬하지 않을까 싶다.

60대 중반을 넘어선 한 여성에게 이런 이야기를 들은

적이 있다.

"동창 모임에 나가면 다 자기 얘기만 해요. 남이 하는 말은 안 듣고요. 그래서 어느 날 친구들한테 물어봤어요. 왜 다른 사람이 말을 하고 있는데도 자기 얘기 꺼내냐고요. 친구들 대답 듣고 한참이나 허탈하게 웃었어요. 그 대답이 이거였어요. 잊어먹을까 봐!"
"어머! 속사정 듣고 나니 맘이 짠하네요."
"건망증 심한 나이를 탓해야죠, 뭐. 어쨌든 그 뒤로는 남이 말할 때 끼어드는 친구들을 이해하게 됐어요."

한껏 치장하고 나온 장년의 여성들이 제각기 자기 얘기에 여념이 없는 그 현장을 떠올린다. 다른 목소리를 이기려는 공허한 목소리들이 허공을 날아다니는 그 장면을 상상하노라면 실소(失笑)가 터진다. 그때마다 나는 다짐한다. 내 또래나 혹은 나보다 더 나이가 든 사람을 만나면 되도록 그 사람의 말에 귀를 기울이겠다고!

사람이 나이가 들면서 하고 싶은 말이 특별히 더 생겨나는 건 분명 아닐 터이다. 적어도 나는 그렇게 생각한다. 사실 대개 나이가 들면 말할 기회가 줄어든다. 여러 이유로 혼자 있는 시간이 많아진다. 아마도 그래서 마음 놓고 말을 할 기회가 생겼다 싶을 때는 그걸 놓치지 않으려고 전후 사정을 살피지 않는 것일 테다. 그러다 보니 본의 아니게 자기 말만 하는 고집 센 사람으로 오해받기도 하는 것이리라. 노화의 단면을 드러내는 그 씁쓸한 일화는 우리가 노년을 어떻게 보내는 게 좋을지 성찰하게 만든다.

제천노인복지관에 강연하러 갔을 때 손에 쏙 들어오는 수첩에 시와 일기를 쓰는 사람을 보았다. 내가 그 시를 발견하고, 낭독을 청하기도 했었다. 듣는 이의 마음을 뭉클하게 만드는 시였다. 노년기든 청년기든 건강하게 사는 방식 중 하나는 '자신에게 말 걸기'가 아닐까. 짧게든 길게든 일기를 쓰는 것, 자신의 현재를 기록하는 것, 혹은 자신의 인생을 회고해서 기록하는 것. 그런 시간을 통해 자기 자신을 더 깊이 알게 되면 자신을 더 사랑할 수 있을 터이다.

나는 여행을 갈 때마다 현지 미술관에 있는 선물 가게에서 언제나 수첩을 몇 개씩 사 오고는 했다. 글을 쓰는 친구들에게 선물하려고 말이다. 그러나 핸드폰이나 태블릿 같은 도구들로 글을 쓰는 일이 상용화되고 나서부터 그런 낭만적인 선물 사는 일을 잊었다. 이제부터라도 다시 괜찮은 수첩을 보면 사서 모아야겠다. 그러고는 수첩이 꼭 필요할 사람한테 선물해야겠다. 글씨가 잘 써지는 펜과 함께! 마음에 새기고 싶은 덕담도 적어서!

나 자신도 다시 수첩을 들고 다니며 나 자신과 말 걸기 하는 말들을 적어볼 요량이다. 다시 새롭게 시작하려는 '나 자신에게 말 걸기'가 내 노년을 반짝거리게 만들면 좋겠다.

단풍선생

 아시다시피 꽃 소식은 남쪽에서 먼저 시작되고, 단풍 소식은 북쪽에서 시작된다.

 올해도 어김없이 단풍지도를 챙겼다. 산림청이 해마다 9월 하순쯤에 공개하는 단풍지도가 나에게는 귀한 선물이다. 그 지도를 바라볼 때면 마음이 획획 순간이동을 한다. 그러니 참으로 신묘한 오브제라 아니할 수 없다. 단풍지도에 첨부된 자료를 보니 단풍이 먼저 드는 나무는 당단풍나무, 신갈나무다. 은행나무는 그로부터 이틀 뒤에 단풍이 든단다.

 당단풍나무를 기준으로 볼 때 매년 단풍 드는 시기가 0.33일씩 늦어지고 있다고 한다. 이유는 지구온난화가 자명하다. 여름철 기온이 너무 높아 단풍 드는 시기가 늦춰지는 것이란다. 온난화가 단풍지도에도 영향을 미치고 있으니 그 괴력이 새삼 무시무시하게 느껴진다. 이제는 우리가 지구온난화를 해결하기 위해 열심을 내지 않으면 안 되는 때인 것이다.

남한에서 해마다 단풍이 제일 먼저 드는 지역은 설악산이다. 뒤이어 오대산, 치악산, 월악산, 북한산, 가야산, 속리산, 팔공산, 계룡산, 지리산, 한라산, 무등산, 내장산, 두륜산이 알록달록해진다. 첫 단풍 드는 시기가 다르듯 단풍이 절정을 이루는 시기도 산마다 다르다. 첫 단풍 든 후 이르게는 7일에서 늦게는 15일 뒤에야 전국의 산이 울긋불긋해진다.

오래전 만산홍엽을 감상하러 간 적이 있다. 치악산 등반코스 중 단풍이 제일 아름답다는 그 길은 초입부터 험난했다. 군데군데 설치돼 있는 밧줄에 몸을 의탁해야만 절벽 같은 길을 오를 수 있었다. 땀이 비 오듯 쏟아졌고, 허벅지는 자주 쥐가 났다. 아마도 낙상을 입을세라 긴장한 탓인 듯했다. 산 위에서 쏟아져 내려오는 바람의 위용이 대단했다. 바람 소리는 마치 산중의 모든 생명체가 일시에 지르는 함성 같았다. 절로 신령한 기운이 느껴졌다. 나는 강렬한 소리의 진원지일 산꼭대기 풍경이 몹시도 궁금했다. 그래서 용을 쓰며 기어올랐다.

산 위에는 절이 있었다. 감로수가 솟아나는 샘도 있었다. 막심한 고생 끝에 마시는 샘물은 달고 달았다. 그런데도 산을 다녀온 뒤 내 기억에 남은 건 별로 없다. 단풍명소의 면모는 안타깝게도 기억조차 안 난다. 비현실처럼 느껴진 바람 소리와 다리의 통증만이 선명할 뿐이다.

그날 이후 며칠 동안 제대로 걷지 못했다. 계단을 내려갈 때가 제일 힘들었다. 몸을 옆으로 돌려 게처럼 걸어야 했다. 그때 몸이 감당 못하는 산행에서 얻은 교훈 덕에 그 뒤부터는 절경을 보러 갈 때 준비를 단단히 한다. 그러고 되도록 험하지 않은 길을 선호한다. 물론 예외는 있지만 말이다.

지난해 단풍놀이는 좀 각별했다. 원주에 와 살면서 가까워진 두 친구와 커피를 마실 때였다. 느닷없이 한 친구가 제안했다.

"우리 반계리 은행나무 보러 갈까요?"

"어머, 좋아요."

나와 다른 친구가 환호했다.

"몇 시에 갈까요?"

"해 뜨기 전에 가는 게 좋겠죠? 낮에는 상추객들 땜에 길이 엄청나게 막힐 테니……."

약속 장소와 시간을 정한 우리는 800살 넘은 그 웅대한 나무를 두고 이런저런 이야기를 나눴다. 국립고궁박물관 은행나무, 용문사 은행나무뿐만 아니라 그동안 각자가 눈여겨본 아름다운 은행나무에 대해서도.

다음 날 새벽에 만난 우리는 한 친구가 운전하는 차를 타고 반계리로 갔다. 인근 주차장에 차를 대고 나무 가까이 가니 어둑어둑한 시간인데도 벌써 진을 치고 있는 사진작가들이 보였다. 나무 사진이 잘 나오는 명당은 그들이 다 차지하고 있었다. 그러거나 말거나. 핸드폰만 달랑 들고 간 우리는 사춘기 소녀처럼 들떠 나무 주위를 뱅뱅 맴돌았다. 각자 자신만의 방식으로 은행나무를 찬미했다.

그러다 같이 모여 기념사진을 찍고, 수북이 쌓인 은행

잎을 두 손으로 모아쥐고 서로 눈 뭉치처럼 던지며 까르르 까르르 웃기도 했다. 그러고는 보온병에 담아 간 커피를 나누어 마시며 해가 뜨는 걸 바라보았다. 그렇게 우정을 나눈 시간 덕에 그 추억은 떠올릴 때마다 웃음 짓게 된다. 아마도 마음 맞는 이와 함께 보며 공감을 나눈 풍경이 더 아름답게 기억되는 법인가 보다.

그날 나는 생각해 보았다. 그 나무가 유독 많은 사람을 불러 모으는 이유에 대해서 말이다. 우선 천년에 가까운 세월 동안 갖은 풍상을 이겨내며 굳건히 살고 있기 때문이리라. 가뭄, 한파, 된더위, 폭설, 태풍……. 얼마나 모진 세월이 많았겠는가? 셀 수도 없이 많은 옹이는 그걸 말해 주는 것일 테다. 우리 인간은 그렇게 큰 나무 앞에 겸손한 자세로 서서 자신이 얻고자 하는 힘을 얻는 것이리라. 그리고 나무의 영험한 기운과 더불어 유난히 아름다운 단풍의 자태도 한몫 단단히 하리라 싶었다.

사실 수종이 같아도 단풍의 고운 정도는 다를 수 있다. 그 현상을 두고 식물학자들은 말한다. 큰 일교차, 적은 강수량, 많은 일조량이 단풍의 고운 정도를 결정한다고. 과학적 분석에 나는 백분 공감한다. 실제로 내가 감탄한 단풍나무들은 대개가 청명한 하늘 밑 양지바른 곳에 외따로 있었으니 말이다.

지난해 가을 나에게 영감(靈感)을 준 은행나무도 그런 장소에 자라는 나무였다. 그날 나는 치악산에 드는 단풍을 보려고 세렴폭포에 갔었다. 친구와 같이 폭포가 잘 보이는 곳에 앉아 바람 불 때마다 단풍이 비처럼 쏟아지는 절경에 환호했다. 그러다 집으로 돌아오는 길에 어느 밭두렁에 서 있던 한 그루 나무를 발견했다. 그 나무는 마치 신이 만든 작품처럼 찬란했다. 그 은행나무 덕분에 나는 「시월을 보내는 법」이라는 제목의 시 썼다.

시월 그냥 보내기 섭섭해
다른 시월을 보러 가기로 했다.
저렇게 늙자!

시월과 맞장구치며
산에 들었다.

말에도 색이 들었다.
샛노랗게

새빨갛게

발밑에서
유쾌한 낙엽들

나, 바스락거린다. 시월에

환상적으로 단풍 든 나무는 언제든 그렇게 내가 일상을 획 벗어나도록 해준다.

단풍을 대하는 나의 태도가 젊은 날과는 달라졌다는 걸 실감한 지도 몇 해 되었다. 문학청년 시절까지는 단풍을 요량껏 즐기기만 했다. 그 시절에는 해마다 가을이면 색과 모양이 예쁜 단풍을 수집했다. 두꺼운 책 사이에 끼워 잘 말린 뒤 문방구에 들고 가 코팅했다. 그걸 책갈피로 쓰라며 주변 사람에게 선물했다.

나이가 든 지금은 그런 일에 지극정성을 들이지는 않는다. 대신 길바닥에 떨어져 있는 단풍을 보면 사진을 찍고, 그중 제일 예쁜 걸 한두 개 집으로 갖고 온다. 그러고는 바스락바스락 소리 내며 바스러질 때까지 곁에 둔다.

물론 지금도 내가 매혹될 정도로 멋지게 단풍이 든 나무 앞에서는 감탄사를 아끼지 않는다.

"와, 어쩜 저리 아름다울까?"
그러고는 꼭 이런 혼잣말을 한다.
"나도 저렇게 곱게 늙고 싶다!"

내가 가진 소망 중 하나는 곱게 늙는 것이다. 정말이지 나는 곱게 늙고 싶다. 그 때문인지 요즘 들어 곱씹어보는 낱말이 '존엄'이다. '인물이나 지위 따위가 감히 범할 수 없을 정도로 높고 엄숙하다'는 뜻도 깊이 되새긴다. 존엄을 잃은 상태로 연명하는 일은 상상만 해도 가슴이 찢어지고, 한량없이 슬프다. 그래서 아름다운 것만 아니라 추한 걸 볼 때도 다짐하고 또 다짐하는 것일 테다. 잘 늙자고!

내 열망을 완성하기 위한 지혜를 나는 곱게 단풍 든 나무에서 얻는다. 나무가 겨울 앞두고 단풍이 드는 이유는 월동준비 때문이라고 한다. 그 준비 중 하나가 '떨켜 층(abscission layer)'을 형성하는 것이라 들었다. 단순하게 설명하자면 나무가 가지에서 잎을 쉽게 떨어뜨리기 위해 세

심하게 준비하는 과학적 시스템이라 할 수 있다.

떨켜 층. 나는 이 말에 매료되었다. 나무가 이듬해 봄 다시 움트기 위한 그 조처가 나에게 깨달음을 주었다. 새 삶을 준비하는 나무가 죽음을 준비하는 나에게 말이다. 나뭇가지와 나뭇잎의 연결고리를 끊어내려는 조처는 내가 늙어가면서 해야 할 일이 무엇인지 성찰하게 해주었다.

삶을 방만하게 만든 욕망부터 줄여야겠구나.
나목(裸木)처럼 단순미를 지니자!

그런 결심을 하고 나는 다시 단풍지도를 들여다본다. 붉은색이 아름다운 나무, 노란색이 아름다운 나무, 맑은 갈색이 아름다운 나무, 노란 갈색이 아름다운 나무들이 나를 손짓해 부른다. 나는 단풍 속으로 걸어 들어간다.

나는 무슨 색으로 물들까?

사랑의 각도

나의 '약방 할매'

시인이자 소설가인 성석제 소설 중 내가 제일 좋아하는 작품은 「약방 할매」다. 소설 속에 등장하는 어머니 때문이다. 그이가 자기 삶을 스스로 위로하는 방식은 책을 읽은 지 수년이 지난 지금도 내 마음에 각인되어 있다. 아마도 책을 읽을 때 등장 인물에게 감정을 과다 이입하는 나의 독서 습관 탓일 테다.

그 단편소설의 화자(話者)는 아들이다. 그의 회상 속에 등장하는 아버지를 보면 어머니의 삶이 얼마나 고단했을지 충분히 짐작하고도 남는다.

아버지는 늘 어깨에 연장 가방을 둘러메고 떠나는 사람이었다. 아버지의 직업이 목수라는 것을 알게 된 초등학교 시절에도 아버지는 여전히 같은 모습으로 집을 나서서 짧으면 보름, 길면 반년 동안 어디에 있다는 편지 한 장 없이 돌아오지 않았다.

어머니는 한쪽 어깨가 구부러진 아버지를 전송하고 난 다음에는 집 바로 아래 우물가의 커다란 향나무 곁에 오래도록 서 있곤 했다.

내가 소설에 등장하는 인물이었다면 어머니 곁에 착 붙어 서서 그이의 등을 가만히 어루만져 주었을 테다.

아들의 기억 속에서 날개옷을 잃어버린 선녀처럼 어여쁘고 서글퍼 보인 엄마는 6남매를 키우며 살아간다. 사는 일이 막막할 때마다 어머니는 매번 똑같은 말을 하며 집을 나서곤 한다. "아 참, 저 위에 약방 할매한테 갔다 와야겠다."

그 말에 자식들은 안심한다. 어머니가 자신들을 버리고 야반도주하지 않으리라는 불안감을 없앨 수 있었기 때문이다. 자식들은 약방 할매가 어머니의 근심을 싹 없애주는 마법의 약손을 가졌다고 굳게 믿었다. 그래서 자기들이 어머니 속을 뒤집어놓았다는 자책감이 들 때마다 어머니 입에서 약방 할매를 만나러 간다는 말이 튀어나오기를 고대했다. 심지어 아들은 꿈속에서 약방 할매를 만나기도 한다.

약방 할매는 머리칼이 모두 새하얀데 얼굴은 홍옥처럼 붉었다. 몸이 자그마하고 둥글었다. 말소리는 나직했으며 얼굴은 미소로 차 있었다. 약방 할매는 어머니의 양손을 부여잡고 어머니가 눈물을 흘리며 하소연하는 말을 듣고 있다가 등을 쓸어주며 "사는 게 다 그런 게요. 참고 기다리면 좋은 날이 오겠지" 하고 위로를 해 주는 것이었다. 또 약방 할매는 서랍이 셀 수 없이 많은 약장에서 무슨 환약 같은 걸 꺼내 어머니에게 먹여 주었다. 그러고 나니 어머니의 얼굴이 환하게 밝아지고 손뼉 치며 노래까지 하는 것이었다.

그런 신묘한 능력을 지닌 약방 할매가 실은 실재하는 인물이 아니었다. 아니, 실재(實在)하기는 했으나 사람이 아니었다. 아들이 그 사실을 알게 된 건 결혼하고 자식을 낳은 뒤였다. 설에 고향 집에 간 아들은 이제 어머니의 기억 속에서조차 잊힌 약방 할매를 찾아 나선다. 어머니가 굳세게 살 수 있는 명약을 처방해준 '약방 할매'는 마을이

훤히 내려다보이는 산 중턱에 비스듬히 있는 넓적 바위였다. 아들은 햇살이 데워 놓은 바위에 앉아 마을을 내려다보며 과거 어머니의 마음을 헤아린다.

그곳에서는 아래 주택가의 흰 빨래들이며 추위도 아랑곳하지 않고 뛰노는 아이들, 들판을 둘러싸며 어디론가 흘러가는 냇물, 둑에 서 있는 미루나무가 세세하게 내려다보였다. 바람은 있는 듯 없는 듯하고 아이들 웃음소리가 들렸다 말았다 했다.

아마도 바위는 어머니의 탄식과 눈물, 서글픈 웃음과 콧노래까지 묵묵히 받아주었을 테다. 어머니 가슴에 가득 찼던 화를 몸 밖으로 흘러나가게 하고, 머리를 지끈거리게 하는 복잡다단한 생각도 가닥가닥 정리해 주었을 테다. 그리하여 마음이 평온해진 어머니가 자식새끼들이 목 빼고 기다리는 집을 향해 당찬 걸음을 옮겨 놓도록 했을 터이다.

녹록지 않은 우리네 삶에는 그런 능력 가진 '약방 할매'가 꼭 필요하다.

사랑의 각도

내가 아는 어느 시인은 사는 일이 버거울 때마다 반계리 은행나무를 찾아간다고 한다. 그 나무는 천연기념물로 지정된 1964년에 1월 31일 당시 수령(樹齡)이 800~1,000년 정도로 추정된 나무다. 우람하기 그지없는 데다 단풍도 고와 철철이 전국 각지 사람들을 불러 모으는 위력을 지니고 있다. 그런 나무 둘레를 몇 바퀴 돌고 나면 시인은 마음이 평온해진다고 한다. 정독도서관에 있는 300살 넘은 회화나무를 찾아가 위로받는다는 시인도 있다.

물론, 내 삶에도 수많은 '약방 할매'가 존재했다.
현재도 그런 존재가 절실하다.
나의 으뜸가는 '약방 할매'는 '강'이다.

내 고향마을 앞에는 금호강이 흐른다. 청소년기에 나는 밤마다 그 강변에 서서 노래를 불렀다. 추석마다 동네 향교에서 열린 노래자랑대회에 나가 상을 타기도 하고, 심지어 읍내에서 열린 콩쿠르에도 나갔던 기억이 있는 걸 보면 나는 노래 부르기를 꽤 즐긴 것 같다. 내가 좋아하는 노래들을 깨알같이 적어 만든 나만의 노래책도 지니고 다녔으니 말이다.

지금도 나는 거의 매일 강에 나간다. 질풍노도의 시절처럼 강을 바라보고 노래를 부르지는 않는다. 그저 강을 따라 걸을 뿐이다. 그날그날 날씨와 산책하는 시간대에 만들어지는 풍경을 보고 걷는 방향을 정하면서 말이다. 오전 일찍 볼일이 있는 날에는 저녁 강변으로 나간다. 대개는 하루 일만 보에서 일만 오천 보 이상 걷는다. 걷기 앱을 사용해 매일 몇 보 걷는지를 점검한다.

강에 나갈 때는 차를 담은 보온병을 챙기고, 헤드폰을 쓴다. 때로 무거운 디지털카메라를 들고 나가기도 한다. 강변을 걸을 때 헤드폰으로 즐겨 듣는 게 몇 가지 있다. 스트리밍 서비스 음악 앱에 내가 공들여 선곡하고 편집해 둔 다양한 장르의 노래, 매달 몇 권씩 사는 오디오북, 팟빵에서 시를 낭독해 주는 프로그램인 '시샐러드'가 주종을 이룬다. 그것은 변화무쌍한 자연에 눈길을 주면서도 애청할 수 있는 공통점이 있다.

일정한 장소에 다다르면 나는 어김없이 바위에 앉아 헤드폰을 벗는다. 새들을 보기에 안성맞춤인 자리다. 왜 그런지는 모르겠지만, 수문(水門)이 있는 곳에 유독 새들이 모여 있다. 물길을 가로막은 콘크리트 구조물인 보(洑) 위에는 내가 좋아하는 왜가리들이 띄엄띄엄 앉아 있다. 가끔 백로도 섞여 있다. 이름 모를 새까만 새들이 떼로 앉아 있을 때도 있다.

보(洑)를 빠져나온 물은 완만한 경사로를 따라 흐른다. 그곳에는 청둥오리가 많다. 청둥오리들은 대개 암수가 붙어 다닌다. 새들은 보통 인기척이 조금만 나도 자리를 뜬다. 그래서 나는 최대한 몸동작을 줄인 채 그들의 일거수일투족을 바라보기만 한다.

어느 날은 갈대숲에서 나온 파랑새가 하천 굴다리 속으로 사라지는 걸 보았다. 환상인가 싶었다. 그때 굴속으로 따라 들어갈 수 없던 나는 혹여라도 새가 날아 나올까 하여 한참을 그 앞에 서 있었다. 헛수고였다. 그다음부터 그 근방을 지날 때는 파랑새가 어딘가에 숨어 있다 날아오를까 하여 일부러 발소리를 죽인 채 두리번거리곤 한다. 아쉽게도 그 뒤로 지금까지 그 새를 다시 보지 못했다. 파랑새와 우연히 조우할 순간을 떠올리며 설레는 것만도 큰 선물이다.

매번 영감(靈感)을 받는 강가에 앉아 보온병에 담긴 차

마시는 시간은 내 일과의 여백이다. "아, 평화롭다." 나는 가만히 하늘을 바라본다. 구름 보고 인사 건넨다. 강아지풀, 코스모스, 인동초, 달맞이꽃……. 눈에 차는 모든 생물에게.

그런 다음 물소리에 귀 기울인다.

강물 흘러가는 소리는 언제 들어도 기분 좋다. 특히 폭우 내린 뒤 수위 조절하려고 수문을 열 때 물소리는 더없이 호쾌하다. 세차게 흘러가며 만드는 새하얀 물보라를 보는 일도 신선하다. 그런 때 나는 핸드폰으로 물소리를 녹음한다. 가끔 그 물소리를 꺼내어 들으면 일상이 맑게 헹구어진다.

강은 그렇게 나에게 많은 것을 거저 준다.

며칠 전 강에 나갔을 때는 밝은 연두색 조끼를 입고 공공근로 하는 어르신들이 강물 흐름이 잠잠한 곳에 옹기종기 모여 있었다. 나는 그 하천에 산다는 수달이라도 나타났나, 싶어 가만가만 어르신들 곁으로 다가갔다. 나를 발견한 어르신 한 분이 물속을 가리켰다. 치어들이 새카맣게 떼 지어 유영하고 있었다.

나는 어르신들의 맑은 동심(童心)에 빙긋 웃음 지었다.

강은 그런 곳이다. 잃어버린 순수를 되찾게 해 주는 곳. 다양한 생물들이 어우러져 살아가는 곳. 강변을 산책할 때마다 내 입에서는 이런 말이 절로 나온다. "아, 살아 있어 행복하다." 물속에 비친 사물을 바라보고, 강변에 깃든 식물 이름을 찾아보고, 새로 발견한 새를 알아가고, 새로 돋아나는 환삼덩굴 잎새의 연두에 반하고, 강과 하늘에 환상적인 데칼코마니를 만드는 노을을 보고…….

강변에서 체험하는 모든 일이 내 가슴 벅차게 만든다.
삶을 꽉 껴안게 만든다.
나도 누군가에게 강 같은 존재가 되고 싶다.

태양의 위로

 마음이 어두울 때 듣는 음악이 있다. 비틀스(The Beatles)의 열두 번째 스튜디오 앨범에 수록된 일곱 번째 트랙. 그 음악을 들으면 마음의 심연에서 태양이 솟아오르는 것만 같다. 누구도 가로막을 수 없는 광채를 내뿜으면서. 그때, 나도 모르게 노래를 따라 흥얼댄다.

Sun, Sun, Sun, here it comes.

 마치 햇살로 만든 기타 줄을 튕기는 것 같은 이 소절이 노래에서 무려 다섯 번 반복된다. 이 소절을 노래하다 보면 어느새 내 마음에 빛이 환히 들어찬다. 〈Here Comes The Sun〉이라는 제목에 든 'sun'을 빼고도 태양을 뜻하는 그 낱말이 총 25번 나온다. 그 낱말에 멜로디를 실어 흥을 돋우다 보면 기분이 좋아진다. 낱말마다 깃든 의미나 멜로디가 힘을 지니고 있다는 방증이리라.

이 노래는 비틀스의 구성원인 조지 해리슨(George Harrison)이 스트레스 주는 모든 걸 뒤로 하고 친구 에릭 클랩턴(Eric Clapton) 별장에 가서 만들었다고 한다. 그는 에릭 클랩턴의 어쿠스틱 기타를 치며 정원을 돌아다니다가 이 곡을 작곡했단다. 그래서인지 이 노래를 들으면 조지 해리슨이 당시 느꼈을 해방감과 평화를 만끽할 수 있다.

나는 캔버스에 빛이 가득 찬 그림을 감상하는 일도 좋아한다. 그런 그림 중 하나는 클로드 모네(Claude Monet)가 150여 년 전 프랑스 르아브르 항구의 아침을 그린 〈인상, 해돋이 Impression, soleil levant〉다. 그 작품을 바라볼 때 역시 심중의 어둠을 싹 걷어내는 태양의 위력을 실감한다.

그 작품에서 내 마음에 쏙 드는 건 바다 위로 쑥 떠오른 태양이다. 하늘과 바다에 비해 한없이 작은 태양이지만 그 속에 우주의 기운을 다 끌어안고 있는 듯 강렬한 인상을 준다. 그 태양이 떠오르면서 하늘에 아침놀을 만든다. 그 오묘한 빛이 어부가 탄 조각배가 떠 있는 해수면에 비친다. 어디까지가 바다이고 어디부터가 하늘인지 알 수 없다. 그 속에서 수평선을 찾는 건 감상하는 이의 몫이다. 바다를 좋아하는 이와 하늘을 좋아하는 이가 찾는 수평선의 위치는 분명 차이가 있을 테다.

하늘과 바다의 경계가 허물어진 해수면에 태양이 빛을 길게 늘어뜨린다. 바다에서는 태양의 자취가 찬란하다. 마치 주황색 물결이 징검돌처럼 놓인 길 같다. 그 길은 지중해와 대서양을 건너와 내게 닿는다. 내 마음이 찬연한 빛으로 찰랑거린다.

태양의 위력을 사랑하는 나는 해돋이 보기를 좋아한다. 특히 바다에서 솟아오르는 태양 보기를 좋아한다. 그래서 일 년에 두어 번 동해(東海)에 간다. 갈 때는 꼭 방에서 일출(日出)을 볼 수 있는 숙소를 잡는다. 내가 선호하는 곳은 금강산 자락에 있다고 광고하는 〈금강산콘도〉다. 물론 시설은 낡았고, 집에서 멀다. 그런데도 동해에 갈 때는 그곳에 여장을 푼다. 침대에 누워서든 발코니에 나가서든 경이로운 해돋이 광경을 볼 수 있기 때문이다.

바닷가 숙소에 가면 먼저 확인하는 게 일출 시각이다. 새벽에 깨어나면 해풍이 세찬 겨울에도 카메라를 손에 들고 발코니에 서서 해를 기다린다. 행여나 일출의 순간을 놓칠세라 뚫어져라, 바다를 본다. 자칫 한눈을 팔다가 바다와 하늘색이 바뀌는 걸 알아채지 못하면 일출 장관을 놓칠 수 있기 때문이다.

태양이 바다와 하늘을 금빛으로 물들이며 솟아오르면 나는 연신 탄성을 내지른다. 그러고는 카메라 셔터를 수도 없이 눌러댄다. 그 사이 태양은 서서히 하늘로 떠올라 빛나는 제 자태를 검푸른 해수면에 드리운다. 점점 길어지는 태양의 반영이 해안에 닿을 때쯤 나는 카메라를 내려놓는다. 그러고 태양을 바라본다. 태양이 바꿔 놓은 바다 냄새를 깊이 들이마신다. 그런 시간을 갖고 나면 세파를 거뜬히 헤쳐 나갈 힘이 솟구친다.

인도인들이 고대부터 지금까지 일출 때마다 의식처럼 행하는 건 바로 '태양에 대한 경배'라고 한다. 그건 세상을 환히 밝히는 태양에게 감사한 마음을 전하는 동작이란다. 그 동작을 하고 나면 몸의 순환이 원활해 건강하게 살 수 있다고 한다. 마무리는 가슴 앞에 두 손을 모으고

합장하는 것이다.

나도 태양을 경배한다.

요가 교실에서 '태양 경배 자세'를 익히기도 했다. 나는 언제 어디서나 일출을 보면 태양을 마주 보고 선다. 합장하고, 고개 숙인다. 그 의식을 치르고 나면 왠지 태양의 기운이 혈관을 타고 흐르고, 매사에 열정이 생기는 것 같다.

내 친구들은 나를 "써니"라고 부른다. '태양의', '명랑한', '쾌활한'이라는 뜻을 지닌 영어 단어가 '써니(sunny)'다. 내 이름이 '선희'라서 그렇기도 하거니와 내 성격이 활기차고 낙천적이라 그렇게 부르는 거 같다. 이유야 어찌 되었든 친구들이 나를 "써니"라고 부르는 게 맘에 든다. 그 호칭 덕분에 항상 '써니'의 기운이 충천한 상태로 지낼 수 있으니 말이다.

내가 스트리밍 서비스받는 음악 앱에 '흥'이라 이름을 붙인 폴더가 있다. 거기에 듣기만 해도 기분이 고양되는 곡들을 담아두었다. 그중 한 곡은 내 영어 이름과 똑같다.

⟨Sunny⟩! 1970년대 독일의 유로디스코 그룹 보니 엠(Boney M)이 부른 노래 ⟨Sunny⟩다. 이 노래를 부른 가수들은 많다. 보니 엠의 노래가 제일 흥겹다. 그 노래에서 특히 나는 '햇살 부케(sunshine bouquet)'라는 가사가 맘에 든다.

오늘 나도 당신에게 던지고 싶다, 햇살 부케!

마시고, 춤추고, 감탄하라

"기네스를 마시고, 결혼하지 마세요!"

2024년 10월 2일에 105세가 된 영국의 캐슬링 헤닝스 할머니가 장수 비결을 묻는 사람들에게 한 말이다. 물론 농담 삼아 한 말이라지만 뉴스를 보는 순간 나는 슬그머니 웃었다. 그리고 그 주제로 그날 일기를 썼다.

그 영국 할머니 가족은 늘 기네스를 즐겨 마셨다고 한다. 그 할머니도 10대 때부터 마시기 시작한 기네스를 요양원에서 생활하는 지금까지 즐긴다고 한다. 기사를 보면서 나는 가슴이 뜨끔했다. 하루 한 캔의 맥주를 일주일에 서너 번 마신다는 친구에게 내가 이렇게 말했기 때문이다.

사랑의 각도

"그러다 알코올 중독돼!"

나는 친구에게 좀 미안한 마음이 들어 맥주와 건강의 상관관계에 관한 자료를 찾아보기 시작했다. 그런데 의외로 맥주가 건강에 이롭다는 내용이 많았다.

"내 장수 비결은 하루도 빠지지 않고 오후 3시에 캔맥주 하나를 빠지지 않고 마시는 거야." 이렇게 말한 사람은 당시 110세로 미국 최고령자였던 마크 베런즈다. 그는 네브래스카주 네브래스카 시티에 살고 있었는데, 캔맥주가 자기 장수의 보약이라는 농담을 즐겼다고 한다. 딸이 현지 언론에 전한 아버지의 장수 비결 또한 규칙적인 음주 습관이란다.

나는 맥주가 건강에 좋다는 연구 자료를 모아 친구와 다시 대화하기로 작심하고 자료를 더 뒤졌다.

스페인에서 2011년에 발표한 '맥주와 건강의 상관관계'에 관한 연구 결과가 있다. 적당량의 맥주가 당뇨와 고혈압 위험을 줄여줄 뿐 아니라 살을 빼는 데도 도움을 준다는 것이다. 맥주에 들어 있는 엽산, 철분, 칼슘 등의 성분 덕분에 그런 효과를 얻을 수 있다고 했다.

평소 내가 맥주를 즐겨 마시지 않은 이유는 그 술이 뱃살을 늘린다고 막연히 믿었기 때문이다. 그런데 연구 결과는 맥주에 대한 나의 몰상식을 여지없이 깨부쉈다.

1998년 핀란드에서 발표한 연구 결과도 마찬가지로 놀라웠다. 하루에 한 병가량 맥주를 마시면 신장결석 위험이 40% 정도 줄어든다고 한다. 2010년 미국 텍사스대학에서 발표한 연구 결과도 흥미로웠다. 적당량의 술을 마시면 술을 전혀 마시지 않거나 폭음하는 사람에 비하여 사망 위험이 훨씬 낮아진다고 했다. 미국 캘리포니아대학의 연구 결과 또한 맥주에 대한 내 생각을 바꿔놓기에 충분했다. 연구진은 맥주나 와인을 하루 두 잔 정도 마시는 사람은 술을 전혀 마시지 않는 사람에 비해 조기에 사망할 위험이 18%나 낮다고 밝혔으니 말이다.

연합뉴스에서 찾은 최선영 기자의 기사는 내 눈을 번쩍 뜨이게 했다. 남한과 달리 북한에서는 맥주를 청량음료라며 건강과 장수에 좋은 음료로 소개하고 있다. 북한에서 주장하는 맥주의 효능은 다음과 같다.

맥주는 뇌를 젊게 하고 눈의 노화를 막는 것은 물론 배뇨 작용 및 신진대사를 촉진하고 피로를 풀어주는 등 건강에 큰 도움을 준다고 한다.

맥주는 대장암을 예방하는 등 항암 작용을 하는 동시에 위액의 소화과정을 돕고 식욕을 돋우며 담즙이 잘 분비되게 한다.

맥주가 건강에 좋다고 해서 많이 마시면 독이 된다. 하루 적정량은 500ml짜리 한 병이며 많이 마셔도 2병을 초과하지 말아야 한다.

대장암 발병을 억제하는 데는 하루 633ml, 치매증이나 뇌경색을 예방하는 데는 하루 600ml, 눈의 노화를 막는 데는 300ml 정도면 충분하다.

맥주가 눈의 노화를 막는 건 맞는 거 같다. 어쩌다 친구와 맥주를 마시고 잔 다음 날 아침이면 눈에 눈곱이 끼는데 눈 주변 혈액순환을 그만큼 원활하게 했다는 증거이리라.

기네스를 즐기는 그 영국 할머니는 미혼 또한 장수 비결로 꼽았다. 그건 기혼자의 사망률이 미혼자보다 더 낮다는 국내외 연구 결과와 상반된다. 그 사실을 놓고 곰곰 생각하던 나는 이렇게 단정 지었다. 미혼자는 기혼자보다 상대적으로 마음 시끄러울 일이 적고, 그게 장수에 도움이 될 것이다. 나의 속단이 틀리지 않다는 것을 알려주는 명언도 있다. 무려 256세까지 장수한 청나라의 중의사 이청운(1677~1933)이 꼽은 장수 비결 말이다.

'마음을 늘 조용히 하라!'

수양이 잘된 사람들, 추종자가 많은 영적 지도자는 '조용히!', '고요히!'를 강조한다. 물론 마음을 조용한 상태로 만들기 위해 대부분 사람이 적극적으로 선택하는 방식은 미혼보다는 명상일 테다. 명상 연구자들은 하나같이 말한다. 명상하는 사람은 명상하지 않는 사람보다 몸의 염증 수치가 낮다고. 가벼운 우울증, 불안, 두려움도 덜 겪게 된다고. 그러니 아무리 바쁜 삶을 살더라도 규칙적인 휴식 시간을 정해 놓고 푹 쉬면서 자기 자신을 돌아보는 일은 장수하고 싶은 사람이 지켜야 할 사항인 셈이다.

그 영국 할머니는 회계사로 일하던 젊은 날 일과가 끝나면 코벤트 가든에서 춤을 췄다고 한다. 그 점도 장수를 도운 게 아니었나 싶다. 나보다 연장자인 한 소설가에게

본인의 장수비결을 물었더니 이렇게 대답했다.

"춤과 유머."

한때 벨리 댄스와 다이어트 댄스를 즐겼던 나도 그이의 말에 금세 수긍했다. 춤이 몸을 움직이는 행위라면 유머는 마음을 움직이는 행위다. 두 행위의 공통점은 몸과 마음을 유쾌하게 만드는 것이니 장수에 도움을 주는 건 두말할 필요가 없겠다.

내 지인 중 한 명이 24시 편의점을 운영한다. 어제 통화할 때 그이는 일상에 갇힌 자신의 신세를 한탄했다. "기도할 수 있는데 뭘 걱정해요?" 평소 같았으면 이 말로 기독교도인 그이를 위로했을 터이다. 그런데 나는 이렇게 말했다.

"매일 곱게 화장하고 예쁘게 차려입고 가서 일할 수 있는 장소가 있다는 게 얼마나 근사한 일이에요? 그 일이 없다면 삶이 엄청나게 늘어질 거예요."

실제 장수촌의 상징인 '블루 존'에 사는 사람들 특징은 평생 일하는 것이라고 한다. 정원을 가꾼다든지, 손주를 돌본다든지, 요리한다든지, 장을 보러 간다든지, 허드렛일한다든지……. 일손을 놓고 멍하니 있기보다 일손을 놀리는 것 자체가 운동 효과까지 가져온다고 하니 일거양득인 셈이다. 우리 가족도 엄마가 병석에 눕기 전에는 일부러 집안일을 하도록 부추겼다.

"엄마, 호박전 먹고 싶어. 엄마가 부치는 게 제일 맛있어."

그러면 엄마는 호박을 사다 호박전을 부쳤다. 그러고는 우리가 맛있게 먹는 모습을 보며 흐뭇해하셨다. 우리는 또한 엄마가 직접 세탁기를 돌리고, 장을 보고, 음식 만들고, 화초에 물을 주고, 자식들에게 밑반찬을 바리바리 싸 주는 일을 말리지 않았다. 엄마 자신이 나이가 들어도 쓸모가 있는 사람이라는 인식을 할 수 있도록 나름 배려한 것이다. 사소하더라도 자기 삶에 의미를 두는 것이 장수 비결 중 하나라고 한다. 그러니 노년기에도 몸을 움직여 스스로 해낼 수 있는 작은 일을 찾는 게 바람직할 테다.

그 영국 할머니는 춤추는 것 말고도 오페라와 발레 관람을 즐겼다고 한다. 이렇듯 장수하기 위해서는 여가 시간을 잘 활용하는 지혜가 필수인 듯하다. 앞서 언급한 256세 장수자 이청운 역시 여가를 이용해 카드놀이를 즐겼다는데, 매번 상대방이 그날 식사를 할 수 있을 만큼의 돈을 잃어줬단다. 어울려 놀 수 있는 친구 못지않게 타인을 위하는 이타심 역시 장수의 필수 덕목인 셈이다.

언젠가 장수 비결을 화제로 삼았을 때 같이 있던 20대 여성이 한 말에 나는 살짝 충격받았다. 자신의 장수(?) 비결로 꼽은 게 스트레스 안 받기와 보톡스(!)였기 때문이다. 나는 피부암으로 발전할 가능성이 있다는 얼굴과 등의 점을 빼러 병원에 다녀온 뒤부터 성형외과에 가는 일이 두렵다. 시술할 때 고통도 고통이지만 부작용에 대한 공포가 크기 때문이다. 요즘 젊은이들은 피부과나 성형외과에 즐겨 다닌다. 외모의 노화가 마음의 노화를 촉진한다고 믿는 모양이다.

내가 생각하는 장수의 비결은 딱 두 가지다. '함께 밥 먹을 수 있는 친구'를 갖는 것과 '끊임없이 심신을 움직이는 일'이다. 구강암 수술 전력이 있는 나에게 함께 밥 먹을 수 있는 친구는 내 허점을 내보일 수 있는 상대를 뜻한다. 거친 음식을 피해야 하는 나는 먹는 일에 몹시 까탈을 부린다. 이런 나의 식사 태도를 충분히 이해하는 친구가 여럿 있어 얼마나 다행인지 모른다.

나는 매일 몸과 마음을 활기차게 움직인다. 매일 새벽에 일어나 글을 쓰고, 책을 읽고, 글 쓸 소재를 메모하고, 간간이 강의하는 일을 통해 마음을 움직인다. 뜨락에 씨를 뿌리고, 음식을 만들고, 산책하는 일로 몸을 움직인다. 그것이 나이가 들어도 청춘 못지않은 젊음을 유지할 수 있는 일이라는 걸 깨닫게 한 건 식물들이었다.

애정을 기울여 살펴보면 알겠지만 서리 내리기 전까지 새순을 내미는 식물이 있다. 사철나무, 사과나무, 찔레나무, 환삼덩굴, 담쟁이넝쿨, 애플민트, 초코민트……. 그 식물들은 진초록 잎사귀 매달린 줄기 끝에 빛을 담뿍 머금은 연두색 싹을 내민다. 싹이 두꺼운 초록이 되면 끝에 다시 여리디여린 연두를 내민다. 그렇게 성장하는 식물을 만나면 언제나 나는 걸음을 멈춘다. 그러고 감탄하고, 감탄하며 그것들처럼 끊임없이 새로 태어나는 삶을 살리라 다짐한다.

영생을 누리고 싶지는 않다. 그저 가족에게 짐이 되지 않을 정도로 건강하게 살다가 이때다 싶은 순간이 오면 곡기를 끊고 깨끗한 상태로 생을 마감하고 싶다. 그러기 위해서 매일매일 창작의 달콤한 고통과 식도락을 즐긴다. 때때로 나는 손수 식탁을 차려 친구들과 오찬이나 만찬도 즐긴다. 또한 철철이 구할 수 있는 꽃이나 약초로 술을 담가 식전이나 식후에 이따금 홀짝거리는 나를 두고 한 친구는 그런다.

"넌 천년만년 살 거야!"

그렇다면?
나, 지금, 청춘?

작지만 소중한 것

　이국(異國)의 시장에 가면 그 도시의 활기를 느낄 수 있고, 특산품을 거품 없는 가격에 살 수 있다. 미로 같은 골목을 다니다 보면 이곳의 삶도 내가 사는 곳과 크게 다르지 않다는 동질감에 마음이 편해진다. 이국의 미술관에선 그 나라 작가의 내면을 엿보며 나의 창작열도 높일 수 있다. 한국에서 만나지 못한 작가의 근사한 그림을 알게 되는 행운도 누린다.

　서점에선 그 나라의 문화 수준을 더욱 체감한다. 사람이 북적대면 그 에너지에 마냥 신이 난다. 한구석에 앉아 독서삼매경에 빠진 이, 내가 알지 못하는 이국의 언어로 된 책을 눈으로 일괄한 뒤엔 번역본으로 이미 내용을 아는 책들의 장정을 비교하며 신기해하기도 한다. 서점을 나서기 전에는 기념으로 그 나라 언어로 된 책을 한두 권 산다.

지금까지 갔던 해외 서점 중 가장 인상적이었던 곳은 두 군데다.

하나는 네팔의 수도 카트만두 골목에 있는 헌책방이다. 나는 네팔에 갈 때마다 그 작은 책방에 간다. 책방 주인은 번화가 큰 서점에 없는 책도 자기 책방에는 있다며 자긍심을 드러낸다. 그이의 말을 증명이라도 하듯 책방에는 외국인 여행객들이 자주 드나든다. 모두 원하던 책을 찾았는지 저마다 한두 권 책을 손에 들고 웃으며 책방을 나선다.

때로는 거기에 책을 팔러 오는 외국인도 있었다. 여행을 떠나올 때 갖고 왔던 책을 다 읽고 팔러 오는 것 같았고, 나는 그 서점에 다양한 언어로 인쇄된 책이 많은 원인을 짐작했다. 나는 그 책방에서 히말라야 야생화 도감과 시집을 샀다. 히말라야에 자생하는 꽃을 보는 것만으로도 그곳의 정기를 느낄 수 있었고, 네팔 시인의 정신이 담겨 있다고 믿는 것만으로도 그 시집을 손에 쥔 내가 고양되었다. 한 폭의 추상화 같은 글씨들이 가지고 있을 의미를 미루어 짐작해 보는 순간순간이 즐거웠다.

두 번째로 인상 깊었던 책방은 로스앤젤레스에 있는 'The last bookstore'다. 딸과 함께 그곳에 갔을 때 나는 그 규모와 분위기에 놀랐다. 1층에는 헌책, 레코드판, 소품을 판매하고 있었다. 자기 서재인 양 소파에 앉아서 책을 읽는 사람들을 보며 나는 꽤 놀랐다. 큰 반려견을 데리고 와 책을 읽는 이도 있었다. 그들의 편안하고 자유로워 보이던 분위기가 아직 생생히 느껴진다. 2층으로 올라갈 때의 충격은 더욱 컸다. 타자기에서 빠져나온 종이가 2층까지 설치미술처럼 이어졌다. 2층엔 아치형 책 터널과 책을 주제로 한 설치미술 작품들이 전시돼 있었다. 작가가 직접 운영하는 작은 갤러리와 특별한 수제 소품을 파는 가게도 많았다. 거기서 나는 한 화가에게 '고양이를 데리고 산책하는 단발머리 여인'을 그린 책갈피를 샀다.

그때도 내가 책방 주인이 될 줄은 꿈에도 몰랐다.

나는 지금 원주의 한적한 길모퉁이에서 '작은책방 봄'을 운영하고 있다. 책방을 열려고 할 무렵 탄소발자국을 줄이는 일에 관심이 많았고, 되도록 새 물건을 사지 않으려 애쓰며 미약하게나마 실천하고 있었다. 고민 끝에 책방에서 헌책을 팔기로 했다. 굳이 새 책을 원하는 사람에게는 그때그때 주문해서 주기로 원칙을 정했다. 딸과 함께 머리를 맞대고 만든 책방 소개 문구는 다음과 같다.

한때 누군가에게 특별함을 주었던
다양한 도서들을 만나보세요.
'작은책방 봄'은 탄소발자국을 줄이기 위해
자원을 재순환 시키는 일을 지향합니다.

"여기 책방이 있으니, 동네가 환해요!"
"와, 환하고 좋아요!"

책방을 열었을 때 동네 사람이 지나가다 한 말처럼 나는 책방을 찾는 이들 마음을 환하게 만들고 싶었다. 그 야심 찬 계획을 위해 그동안 책방에서 많은 일을 도모했다. 수필 쓰기 교실, 영화 보기 교실, 시 창작 교실, 소설창작 교실, 독서 모임, 음악회, 전시회……. 이런 문화 행사는 원주시에 있는 여러 책방에서도 운영하는 프로그램이다.

책방 주인들이 하나같이 자신의 책방이 동네의 문화공작소나 문화사랑방이 되기를 꿈꾼다. 내가 시집이나 산문집을 내면 그곳에 초대받아 독자와 소통하는 순간의 기쁨을 누리기도 한다. 지금처럼 모두 학식은 높으나 난독의 시대에 이런 공간이 없다면 어디서 저자가 독자와의 친밀함을 공유할 수 있겠는가!

그러나 책방을 운영하는 일은 녹록하지 않다. 그래서 책방을 연다고 했을 때 지인들이 하나같이 말렸을 터이다. 나를 말렸던 사람들은 모두 수십 권의 저작물이 있는 자들이다. 그들의 지적 결실이 입에 풀칠하기에도 힘든 서글픈 현실의 입증이었다.

요즘은 책방에 책을 사러 오는 사람이 드물다. 어쩌다 서점 문을 열고 들어온 사람도 열심히 사진은 찍지만 정작 책을 사지는 않는다. 그래서 나는 책을 구매하는 귀한 사람을 더욱 귀하게 여긴다. 맹세코 그것은 수익과는 별개의 감정이다. 언젠가 택시를 호출해 놓고 책방에 들어왔던 젊은 여성이 있었다. 그이는 책장에서 시집을 한 권 빼 들고 활짝 웃으며 이렇게 말했다.

"어머, 제가 좋아하는 시인이에요!"

그이가 책을 손에 들고 택시를 타러 부리나케 나간 뒤 나는 몇 사람에게 전화해서 그 사실을 자랑스럽게 얘기했었다. 시인인 나로서 딱 꼬집어서 좋아하는 시인이 있다는 감수성을 지닌 사람을 만난 게 무척 기뻤기 때문이다.

책 사러 왔다가 책방에서 연 문정희 시인 낭독회 '오늘은 좀 추운 사랑도 좋아'에 초대해 달라고 했던 사람, 책방에서 운영하는 북클럽 회원이 된 사람, 한 달에 한 번꼴로 충주에서 여행 삼아 책 사러 오는 사람, 자전거 타고 오는 쇼펜하우어 아저씨, 밥을 해다 주는 이웃, 텃밭에서 키운 푸성귀를 신문지에 고이 싸서 가져다주는 사람……. 책방에 오는 이는 모두 인정이 많다. 그래서 책방을 지키는 날의 즐거움이 크다.

작은책방 봄에는 '도서대출장'이라고 적힌 노트가 한 권 있다. 날짜, 책 제목, 연락처, 비고란이 있는 노트이다. 책방에 오는 사람이 읽고 싶은 책이 있으면 거기에 적고 무료로 빌려 갈 수 있다. 책을 빌려 가는 사람 중 제일 인상적인 이는 야쿠르트 배달 여성이다. 책을 자주 빌려 가는데, 일하다가 아파트 단지 나무 그늘에 앉아 쉴 때마다 책을 읽는다고 한다. 그건 책방을 운영하는 내가 정말로 원하는 독서 패턴 중 하나이다.

책방에선 소수이기는 하나 책을 사랑하는 다양한 사람을 만날 수 있다. 그들과 이따금 멋진 대화를 나눈다. 인간에 대한 기대치가 높은 사람의 직업으로는 책방지기가 안성맞춤이다. 책방은 글쓰기 소재를 얻기에 적합하고, 인간형을 탐구하기에도 더없이 좋은 장소다.

원주에서 작은 책방을 운영하는 이들은 너나없이 책을 사랑하고 사람을 좋아하여 책방을 열었을 것이다. 그들은 수익이 안 나는 책방을 폐업하는 대신 편의점으로 아르바이트를 나가고, 부업으로 음료를 팔기도 한다. 어떻게 하면 책방을 살릴 수 있을까 고심하며 오늘도 고군분투한다. 그러면서 책방지기들은 자기 책방에서 모종의 기적이 일어나기를 기다리는 것이리라!

헌책방 덕분에 세계적으로 유명해진 건축가도 있다. 안도 다다오다. 한국에만 해도 그가 설계한 건축물이 10

개나 있다. 내가 사는 원주에서 가장 가까이 있는 그의 건축물은 뮤지엄 산(Museum SAN)이다. 저 멀리 제주도에 있는 글라스하우스(Glass House), 본태박물관(Bonte Museum), 유민미술관도 그의 작품이다. 그 건축물들의 공통점은 실내에 빛과 바람을 들인 것이라고 한다.

안도 다다오에게 건축의 영감을 준 사람은 바로 스위스 태생의 프랑스의 건축가 르 코르뷔지에다. 안도가 트럭을 몰던 고교시절, 어느날 헌책방을 갔다고 한다. 그는 그곳에서 르 코르뷔지에를 만났다. 그때까지만 해도 자신이 뭘 하며 살아야 할지 모르던 그는 르 코르뷔지에의 책을 펼쳐 설계 도면을 보던 순간, 자신의 앞길을 찾았다고 한다. 당장 그 책을 살 돈이 없었던 그는 다른 사람이 찾기 어려운 곳에 책을 숨겨 두었다가 한 달 뒤 다시 가서 르 코르뷔지에의 건축책을 손에 넣었다.

이렇듯 한 권의 책에는 사람의 인생을 바꿔놓는 힘이 있다. 그런 힘을 지닌 책들을 파는 곳이 책방이다. 내가 사는 도시에도 그런 마법을 지닌 책방이 골목골목에 성소처럼 숨어 있다. 책방은 밤이나 낮이나 책을 사랑하는 귀하고 귀한 순례자의 발소리를 고대한다. 지도에 없는 수많은 길을 품고 있는 책방이 많은 도시는 그래서 아름다울 수밖에 없으리라!

사랑의 각도

웃음에 관한 수다

에밀리가 나에게 말했다.

"오늘 얼굴이 반짝거려요!"

"좋은 일 있거든요."

"무슨 일요?"

"새 시집 출간 계약하고, 선인세 받았어요."

"와, 축하드려요."

"올해 쥐띠 운세가 좋다더니, 연초부터 신명 나는 일이 생기네요. 그리고 저, 며칠 전부터 웃는 연습 하고 있어서 얼굴이 달라 보일 수 있어요. (초등학교 3학년 여)학생이 저한테 깜찍한 충고를 하더라고요. 선생님, 엄숙한 표정 지으시면 무서워요. 웃어주세요!"

우리는 약속이나 한 듯 환하게 웃었다.

"젊은 날 찍은 사진을 보면 전부 웃는 얼굴이에요. 그런데 나이 들어서 찍은 사진은 그렇지 않더라고요. 그래서 요즘은 사진 찍는 게 싫어요."

"저는 일부러 매일 셀피를 찍고, 거울을 봐요. 얼굴이 얼마나 굳었는지 확인하려고요. 그러고 나면 일삼아 웃는 표정을 짓게 되거든요."

나는 에밀리에게 내가 웃음을 되찾기 위해 실천하는 걸 얘기했다. 우리는 한참 동안 웃음 잃은 서로의 팍팍한 삶에 관해 얘기를 나누었다. 서로가 떠안고 있는 걱정거리의 무게가 가벼워지기를 바라는 덕담도 주고받았다.

그러면서 잠시 그이의 십대 딸이 웃는 표정을 화제로 삼았다. 레슬링 선수가 꿈인 그이 딸의 웃는 얼굴은 티 없이 맑다. 햇살을 한껏 머금은 잘 익은 사과 같다. 그 얼굴을 떠올리면 마음이 사르르 녹는다. 나도 그런 살인미소를 지닌 사람이었던 시절을 행복하게 돌아보게 만든다.

나는 어릴 때부터 웃음이 넘치는 사람이었다. 그걸 알려주는 단적인 일화가 있다. 고등학교 때의 일이다. 국어 선생님이 방학 때 나를 당신의 본가로 데리고 가셨다. 그

이층집은 서울특별시 연남동에 있었다. 잔디 깔린 마당 한쪽에 단층 별채가 있었는데, 그곳은 도서관처럼 책이 가득한 서재였다. 내가 그곳에서 근 보름을 머물다가 경상남도 함양에 있는 우리 집으로 내려올 때였다. 서재에서 배영란 선생님이 그러셨다.

"네가 읽고 싶은 책 있으면 다 골라서 가져!"

그때 나는 딱 한 권의 책을 골랐다. 프랑수아 사강의 『슬픔이여 안녕』이었다. 책과 함께 선생님이 나에게 준 선물 중 수십 년 지난 지금도 나를 웃게 만드는 물건이 있다. 그건 바로 아이크림이다. 그 풋풋한 나이에도 나는 너무 많이 웃어 눈 가장자리에 잔주름이 생겨나 있었다. 그런 나를 위해 꽃다운 서울내기 선생님은 시골내기인 나에게 아이크림을 선물로 주신 거였다. 그 일화 덕분에 또 한바탕 웃은 뒤 에밀리와 헤어져 집에 돌아와 여동생과 통화를 했다.

"나 요즘 시간 날 때마다 매끈한 나무젓가락 입에 물고 있어. 처진 입꼬리 좀 올리려고."
내 말을 들은 여동생이 말했다.

"나는 며칠 전에 양미간에 보톡스 맞았어. 거기 골이 너무 패여서 보기 사나웠거든."

"나는 부작용 무서워서 그런 건 못할 거 같아."

호되게 앓은 병력이 있는 동생도 웃음은 감소했다.

"그래, 맞아. 나이 들수록 웃어야 해. 그래야 인상이 좋아져."

"나이 든 사람 자기 얼굴에 책임져야 해. 자기 삶의 이력이 고스란히 드러나는 거니까!"

"그동안 내 얼굴이 무서울 정도로 무표정했나 봐. 아프기 시작하고 나서 제일 먼저 잃은 게 웃음이었거든. 그런 나를 본 세탁소 주인이 우리 집 창문에 불이 켜졌나 꺼졌나 늘 확인했대. 아픈 내가 걱정돼서. 그 사람 마음 참 곱지?"

어쩌다 씩 웃을 때마다 그 얼굴이 이쁘고 이쁘다고 칭찬해 준 친구들 덕에 웃음을 빨리 되찾았다는 동생 말에 나는 마음이 짠해졌다. 목이 메어 말을 잇지 못하고 있는데, 동생이 환한 목소리로 말했다.

"내 친구 영희는 매일 거울 보면서 활짝 웃는 연습 한대. 김치, 에르메스, 이 말을 발음해 보는 것도 도움이 된대."

"응. 안녕하세요? 이 말도!"

통화를 끝낸 나는 핸드폰에 깔아 둔 구글의 인공 지능 모델 제미나이(Gemini)에게 물었다. "연예인과 아나운서가 입꼬리 운동을 어떻게 하지?" 재미 나이가 입꼬리 운동을 통해 아름다운 미소를 만드는 몇 가지 비결을 정리해 주었다.

첫 번째는 입을 최대한 크게 벌리고 '아-에-이-오-우'를 천천히 발음하면서 입꼬리를 최대한 위로 올리는 것이다. 그런데 유튜브에서 퍼스널 라이프 디자이너 소피가 소개한 모음 발음 순서인 '이-에-아-오-우'와 달랐다. 내가 그 두 경우를 다 발음해 봤더니 소피가 일러준 방식이 조금 더 효과적이었다.

두 번째는 볼에 바람을 최대한 많이 불어넣고 입술을 꾹 다문 상태로 5초간 유지하는 것.

세 번째는 연필을 입에 물고 입꼬리를 양쪽으로 최대한 벌리는 동작을 반복하는 것.

네 번째는 거울을 보면서 활짝 웃는 표정을 지어 입꼬리 근육을 자극하는 것이다. 제미나이는 주의 사항도 일러주었다. 하루에 10~15분 정도 꾸준히 운동하는 게 효과적이고, 과도한 운동은 근육에 무리를 줄 수 있으므로 적정한 강도로 운동하라는.

내가 입꼬리 운동에 관심을 가지면서 알게 된 건 볼굴대(modiolus)라는 근육이다. 사람이 웃거나 말할 때 입꼬리를 움직이는 것은 입꼬리 바로 옆쪽에 있는 볼굴대 때문이라고 한다. 이 근육이 유연하고 탄력이 있어야 입꼬리의 움직임이 자연스럽고 매력적으로 보일 수 있단다. 그래서 나이가 들수록 볼굴대 근육을 강화하는 운동이 필수라고 한다.

전문가들이 추천하는 '웃는 얼굴을 만드는 방법' 중에서 내가 제일 선호하는 건 퍼스널 라이프 디자이너 소피가 권한 것이다. "자기가 가장 사랑하는 존재의 이름을 자주 부르세요!" 내가 선택한 건 내 반려묘의 이름이다. 그 이름을 부르는 순간 나는 활짝 웃게 된다.

"하로야! 하로야!"

고독의 심연을 건너는 법

가끔 유명인의 자살 소식을 듣는다. 그 비운에 관해 친구들과 대화할 때 나는 꼭 이 말을 하고는 한다. "마음 터놓을 친구가 한 명만 있었어도 자살은 안 했을 텐데 안타깝네!" 적어도 나는 그렇게 생각한다. 전후 사정 가리지 않고 무작정 자기 심사를 허심탄회하게 터놓을 상대가 단 한 명만 있었어도 그들이 고독하게 목숨을 끊지 않았을 거라는 게 내 생각 혹은 확신이다.

사실, 사노라면 고민은 이루 셀 수 없이 많고도 많다. 통장 잔고에서 시작하여 꼬이는 인간관계, 뜻대로 풀리지 않는 일, 아픈 몸과 다친 마음에 이르기까지 수도 없이 다양하다. 가족에게도, 친구에게도 말하지 못하는 고민은 누구에게나 있다. 경제력이 없거나 용기가 없어 정신과에 가서 상담받지 못하는 고민도 있다. 그런 고민은 힘이 세고, 집요하다. 한 사람의 영혼을 잠식시키고도 남는다. 그래서 나의 스승이 이런 말씀을 하셨을 터이다.

"나이 든 사람은 무조건 존경하라!"

청춘기일 때 그 말의 참뜻을 이해하지 못했다. 나이가 꽤 들어서야 그 말을 온전히 이해하게 되었다. 대단한 업적을 쌓지 못했더라도 인생의 하고많은 풍상을 견디며 살아냈다는 것 자체가 위대하다는 것이다. 그렇다. 이 험난한 세상을 하루하루 살아내는 게 어쩌면 기적일지 모른다. 그런 기적을 이루는 데 꼭 필요한 존재가 친구일 것이다.

"24시간 열려 있어요. 언제든 제가 필요할 때 전화하세요!"

내겐 그런 말을 하는 친구가 있다. 나보다 네 살 많은 그이는 실제 24시 편의점을 운영한다. 그러나 그이가 나에게 한 말뜻은 사뭇 다르다. 혼자 떠안기에는 버거운 일이 생기면 언제든 자기를 찾으라는 배려가 담겼다. 혼자

해결하지 못하는 고민거리를 가진 나를 위해서는 한밤이든 새벽이든 가리지 않고 내 말을 들어주겠다는 뜻이다. 한밤에 뒤척이다 그이에게 전화를 건 적은 없다. 그러나 그이의 말은 내게 큰 위로가 된다. 그이는 언제든 내 숨통을 틔워줄 비장의 열쇠이니 말이다.

고독을 견디기란 너무도 힘들다. 물론 인간의 존재론적 고독을 말하는 건 아니다. 커피 한 잔, 술 한 잔, 국밥 한 그릇을 앞에 놓고 갑갑한 속을 다 터놓을 수 있는 친구가 가까이 없을 때 느끼는 고독을 말한다.

나도 한때 절절히 고독한 시절이 있었다. 낯선 도시에서 새 삶을 시작했을 때다. 그때 나는 병적 에고를 가진 남편이라는 존재 안에 든 나비였다. 가사, 육아, 경제활동에 치여 시는 한 줄도 못 쓰고 불면의 나날을 보내야만 했다. 불면과 스트레스를 견디기 위해 싱크대 밑에 독한 술병을 숨겨 두고 밤마다 홀짝댔지만 점점 나는 위태로워지고 있었다.

그때 나는 떠나온 도시에서 함께 밥 먹고 영화 보고 문학과 예술에 관한 담론을 주고받는 미혼의 친구들이 한

없이 부러웠다. 고독에 겨운 나는 그때 화분에 물을 주며 화초와 이야기했고, 참새에게 모이를 주며 참새에게 이야기했다. 삽살개를 목욕시킬 때는 삽살개와 이야기했다.

그 시절 나에게는 친구도 가족도 곁에 없었다. 법적인 가족만 있었다. 진정한 가족은 기쁨뿐 아니라 고통과 절망도 함께 나누는 존재였다. 힘 모아 역경을 헤쳐 나가는 사람이었다. 그러나 내게 그런 의미의 가족은 없었다. 결국 남편과 별거를 시작했다. 일찌감치 해외로 유학을 보낸 아이들은 몰라서 다행이다 싶었다.

그때 내가 고통을 회피하는 방법은 생업을 위해 일하지 않는 시간에는 핸드폰을 끄고 잠을 자는 것이었다. 악몽을 꾸고, 이빨을 갈아대면서도 잠에 매달렸다. 죽음과 같은 잠만이 나의 유일한 구원이었다. 그 무렵 새 친구를 한 명 만났다. (서로가 좋아하는 커피가 매개가 되어줬다). 내 삶의 행태를 지켜보던 그가 어느 날 내게 버럭 화를 내며 말했다.

"너, 너무 이기적인 거 아냐? 네가 필요할 때만 핸드폰을 켜고 다른 때는 꺼 두는 거 말이야. 네가 다른 사람한테 연락하고 싶을 때가 있는 것처럼 다른 사람도 너한테 연락하고 싶을 때가 있는 거야! 그 사람들이 너 필요로 할 때 너는 어디 있는 건데?"

그 한마디가 나를 확 깨웠다. 그날 이후로 지금까지 나는 일부러 핸드폰을 꺼두지는 않는다. 글을 쓸 때나 잠을 잘 때는 핸드폰을 눈에 안 보이는 곳에 두기만 할 뿐이다.

그는 사명이라도 되는 것처럼 나를 잠 속에서 불러냈다. 그에게는 아프다는 핑계가 통하지 않았다. 아파도 몸을 움직여야 정신적으로 건강한 삶을 살 수 있다는 게 그의 확고한 지론이었다.

"국형사에 산수유꽃 피었어! 보러 가자!"
"원주 천변에 벚꽃 피었어! 보러 가자!"
"광양에 매화꽃 축제한대! 보러 가자!"
"예술의전당에서 고흐 전 한 대! 보러 가자!"
"기차 타고 정동진 가자! 거기서 새해 일출 보자!"

그는 내가 암막 커튼을 드리운 어둡고 눅눅한 골방에서 웅크리고 잠들어 있는 꼴을 보지 못했다. 어둠의 심연으로 침잠하는 내게 때로는 불같이 화를 내기도 하면서 말이다. "제발 좀 잠 속으로 도피하지 마! 그거 버릇돼!" 그에게 무던히도 이끌려 방방곡곡을 유람했다. 그러는 사이에 내 인생은 서서히 소생했다.

우리는 꽃나무 아래 앉아서, 윤슬이 반짝이는 강둑에 앉아서, 파도가 치는 바닷가에 앉아서 서로에게 시를 읽어줬다. 심지어 식탁에 앉아서도 각자 자기가 쓴 시나 책에서 새로 발견한 시인의 멋진 시를 읽어줬다. 참 아름답고도 빛나던 시절이었다.

내가 원주에서 암 진단을 받고 서울대학병원으로 수술받으러 갈 때였다. 그 친구가 병원에 동행해 주기로 했다. 내색은 하지 않았으나 나는 걱정이 태산이었다. 구강에 발병한 암이라 수술 후가 걱정이었다. 생존율도 낮은 암이었고, 후유증상도 끔찍한 게 수두룩했기 때문이다. 병원으로 향하는 차에서 그가 조수석에 앉은 나에게 말했다.

"노래 불러봐! 네가 좋아하는 노래 있잖아!"
"뭐?"
"코스모스 나오는 노래!"

"아, 코스모스 탄식?"

"그래! 너 그거 부를 때 목소리랑 표정 죽이거든!"

내가 그 노래를 알게 된 건 MBC에서 가요초대석이라는 쇼 프로그램의 구성작가로 일할 때였다. 박향심이 1939년에 발표한 곡을 다른 가수가 불렀었는데, 멜로디가 구슬펐다. 자료를 찾아보니 '일제강점기를 배경으로 사랑하는 사람과의 이별, 변해가는 마음에 대한 안타까움을 담고 있어 전체적으로 애절하고 슬픈 분위기를 자아내는 곡'이라고 했다.

그런데 이상하게 나는 처연하고 쓸쓸한 〈코스모스 탄식〉이 마음에 들어서 흥을 돋워야 하는 자리에서 취기 어린 눈을 감고 간드러진 목소리로 그 노래를 부르곤 했다. 화가들이 모인 해변 솔숲에서 벌어진 술자리에서 그 노래를 불렀더니 한 화가가 일본말로 외쳤다. "아다라시(新しい)!" 나중에 찾아보니 '새롭다'는 뜻이었는데, 그는 그런 뜻으로 외친 건 아닌 거 같았다. 성 경험 없는 사람을 뜻하는 속어를 변형해서 사용한 게 아닌가 싶다.

어찌 되었든 나는 조수석에서 사연 많은 그 노래를 부

르기 시작했다. 1절이 끝나면 2절을 부르고, 2절이 끝나면 3절을 불렀다. 가사를 내 멋대로 개작해서 부르기도 했다. 그러다 보니 어느새 서울대병원이었다.

그 친구와 만난 지 올해로 15년째다. 그사이에 다시는 안 볼 사람처럼 대판 싸운 적도 몇 번 있다. 그러나 아직 우리는 친구다. 신체접촉 빼고는 뭐든 다 하는 사이다. 나는 그를 존경한다. 그는 아름다운 곳에서 걸음을 멈출 줄 아는 사람이기 때문이다. 또한 시인인 나보다 시집을 더 많이 읽는 사람이기도 하다.

우리가 변함없는 우정을 이어 나갈 수 있는 이유는 뭘까? 아마도 나에게 좋은 소리만 하는 친구가 아니기 때문일 테다. 물론 나는 누구든 좋은 말로 나를 위로해 주기를 바란다. 그런데 그는 늘 좀 삐딱하게 군다. 찬사를 아낀다. 처음에는 그 점이 불편했으나 시간이 지나니 오히려 그 점이 마음에 든다. 나를 똑바로 볼 수 있는 시간을 갖게 만들기 때문이다.

물론 그와 시시콜콜 모든 걸 이야기하지는 않는다. 그는 담론을 좋아하기 때문이다. 우리는 함께 읽은 시, 함께 본 영화와 전람회, 함께 들은 음악에 대해 서로 같거나 다른 감상을 나눈다.

어느 날 그는 뜬금없이 나에게 이런 말을 했다.
"너는 참 행복한 사람이야!"
"왜?"
"나 같은 친구가 있으니까!"
그러면서 그는 유쾌하게 웃었다.

내 삶에 큰 자극과 위로가 되는 친구는 그이 말고도 몇 명 더 있다. 24시간 전화기를 열어두는 친구가 있고, 매월 신작 시를 써서 같이 밥 먹으며 낭독하는 친구들이 있고, 아프다고 하면 죽을 쑤어서 싸 들고 오는 친구가 있고, 가게를 폐업한다고 하면 먼 도시에서도 달려와 남아 있는 물건을 산더미처럼 사 가는 친구가 있고, 내 신간을 대형 서점의 베스트셀러 코너에 슬쩍 전시해 놓고 인증 사진을 찍어 보내는 친구가 있다.

친구는 나의 항우울제이자 에너지원이다.
그들이 있어 나는 고독의 심연을 노래하며 건넌다.

고독의 광기는 무섭다. 그것은 너무도 쉽게 인간의 이성을 마비시킨다. 그리하여 치명적인 실수를 하게 만들고, 급기야 목숨까지 끊는 비극을 부른다. 그러나 다행히도 나는 그 고독의 심연을 건너는 또 하나의 길을 안다. 그것을 알려 준 사람은 바로 나의 스승이다.

벌써 오래전의 일이다. 어느 날 오규원 스승과 택시를 탔을 때 안경을 벗어 손에 들고 있는 그분에게 물었다. "선생님, 안경 쓰시는 거 불편하지 않으세요?" 어색한 침묵을 어쩌지 못해 내가 꺼낸 질문이었다.

"안경을 벗으면 세상이 흐릿하게 보여서 좋아. 너무 분명하게 보이면 재미가 없잖아?"

스승의 대답에 나는 고개만 끄덕였다. 안경을 써 본 적이 없던 터라 더 이상 이을 말이 없었기 때문이다. 또다시 침묵이 흘렀다. 스승은 아버지처럼 자상했는데도 그 앞에서 나는 늘 마음이 떨려 무슨 말을 꺼내야 할지 몰랐다. 분위기를 간파한 스승이 말을 이었다.

"안경 벗으면 몽상하기 딱 좋아. 내가 외출한 뒤에 내

방 안 화분의 아스파라거스는 무얼 할까? 춤을 출까, 노래를 부를까, 책을 읽을까? 고무나무는 또 무얼 할까?"

그렇게 스승은 내게 사물과 대화하는 법을 일러 주셨다. 청춘의 화려함에 고독이 침범하지 못하던 시절에는 잘 몰랐다. 그러나 고독이 비소보다 더 독하게 느껴지는 때를 맞이했을 때 비로소 나는 알았다. 스승 말씀의 진가를.

한 시절 나는 고독을 견디는 게 무지 힘겨웠다. 그래서 나는 먼 광릉 숲에 피었다는 홀아비바람꽃에게 말을 걸고, 내 발등에 올라앉아 우는 귀뚜라미와 같이 울고, 옥상에서 홀로 앉아 별들을 향해 삿대질하고, 내 가슴에 우글거리는 해충을 쪼며 둥지를 틀려고 하는 딱따구리에게 인사를 하기도 했다.

그런 시간에는 전혀 고독하지 않았다. 생물이든 무생물이든 대상과 마음을 포갤 때 나는 고독의 심연을 건널 수 있었다. 그 짧은 비상이 한 편의 시가 되고, 두 편의 시가 되고, 세 편의 시가 되었다.

이제 나는 더 자주 친구나 사물과 소통하려 한다. 뜨락에서 미친 듯 한꺼번에 피어난 산수유, 진달래, 능수매화, 백매화, 라일락 사진을 찍어 친구들에게 봄소식도 전한다. 밤에는 꽃들에게 긴 편지도 쓴다. 아침에는 내 정원을 찾아오는 새들에게 선곡도 부탁한다.

지금 고독한 이들에게 권하고 싶다.
추억 속의 그리운 지명(地名)에게,
입안에 맴도는 사무친 이름에게,
눈길을 잡는 사물에게 말을 걸어 보라고!

나무는 자란다

"내 별명 하나만 지어줄래?"

"왜요?"

"사람들은 나를 어떤 별명으로 부를까 궁금해져서……."

"……."

"얼마 전에 〈리빙 : 어떤 인생 LIVING〉이라는 영화를 봤는데, 거기 나오는 해리스라는 젊은 여성이 상사인 윌리엄스에게 자신이 지은 직원들 별명을 말해주는 장면이 나오거든. 그거 보면서 문득 궁금해졌어."

"해리스가 지은 윌리엄스 별명은 뭔데요?"

"미스터 좀비. 냉혈한처럼 기계적으로 일만 하는 상사의 모습이 부하 직원 눈에는 좀비처럼 보였나 봐."

내 친구가 딸 유나에게 부탁했다. 유나는 잠시 생각에

잠기더니 입을 열었다.

"자연적인 마초?"
"자연적인 마초는 뭐야?"
"마초는 분명한데……. 자연인처럼 사시니까…….."

친구는 예의상 고개를 끄덕였다. 나는 피식 웃으며 속으로 생각했다. 역시 내 딸내미의 사람 보는 눈 예리하네! 그러나 친구는 유나가 지어준 별명이 썩 마음에 들지 않는 눈치였다. 우리는 나무와 영화를 화제로 놓고 얘기를 더 나누었다. 친구가 말했다.

"얼마 전에 말이야. 앞집에서 큰소리가 나는 거야. 나가 봤더니 글쎄, 새로 이사 온 사람이 자기 집 담장을 넘어온 옆집 감나무를 톱으로 자르고 있더라고!"
"어머, 감나무가 안 됐네요!"
"감나무 주인과 옆집 사람이 대판 싸웠어. 말도 없이 남의 감나무 자른다고! 그래도 톱을 든 남자는 사다리에서 안 내려오고 자기 집 담장을 넘어온 나뭇가지를 모조리 다 잘라내더라! 감나무 모양새가 아주 웃기게 변했어!"

유나와 나는 한숨을 푹푹 내쉬었다.

"내가 어릴 때 살던 고향에서는 과실 나뭇가지가 자기 집 담장을 넘어가면 그 가지에 열리는 과실은 담장 너머에 사는 사람들 차지였어! 암묵적으로 그런 원칙을 정해서 살았던 거 같아."

내 말이 끝나자마자 친구가 말했다.

"그때는 그래서 사는 게 아름다웠던 거야. 지금처럼 각박하지 않고. 이웃사촌이라는 말은 이제 사전에나 존재해. 현실에서는 이웃사촌이라는 게 아예 없으니까!"

고향 집 뜨락이 떠올랐다. 우리 집에는 감나무가 일곱 그루 있었다. 감나무마다 모양과 맛이 다른 감이 열렸다. 상주둥시, 고종시, 월하시, 반시였다. 모과 한 그루, 앵두 한 그루, 제피나무, 뽕나무도 있었다. 그 나머지는 산수유, 매화 같은 꽃나무였다. 그 나무 중 어릴 때 내가 제일 좋아한 건 감나무였다. 감나무는 나이가 많아 가지가 무성하고 튼실했다. 나는 그 나무에 올라 가지에 등을 비스듬히 대고 누워 독서삼매경에 빠지기도 했다.

어릴 때는 담장 곁에 있는 모과나무를 그리 눈여겨보지 않았다. 못생긴 사람을 빗대는 어른들 말을 하도 많이 들어서 그랬는지도 모르겠다. 게다가 가을이면 차나 술을 담그기 위해 모과를 잘게 채 써는 일을 돕느라 힘에 부쳐서 그랬을 수도 있다. 모과는 몇 개만 잘게 썰어도 팔뚝에 알이 배길 정도로 과육이 단단하다.

가족이 서울로 전부 이주하고 난 뒤 빈집에 남겨둔 것 중 제일 그리운 건 모과나무였다. 아마도 그 빛깔과 향기 때문이었으리라! 그래서 가을이면 훌쩍 고향의 빈집을 찾곤 했다. 엄마가 김치를 담그려고 홍고추를 찧던 돌확을 만져보고, 거기 고인 물 위에 떠다니는 돛단배 같은 단풍 든 감잎을 바라보기도 했다. 신발이 늘 가지런히 정돈돼 있던 섬돌에 앉아 쇠락한 뜨락을 하염없이 바라보노라면 익숙하고 향긋한 향기가 내 코를 자극했다.

그건 바로 모과 향기였다.

모과나무 밑에는 샛노랗게 잘 익은 모과가 뒹굴었고, 나무에도 모과가 가을 햇살을 담뿍 받아마시며 달려 있었다. 나는 서둘러 떨어진 모과를 주워 모으고, 나무에 달린 모과는 관상용으로 몇 개만 남기고 다 땄다. 서울로 돌아오는 길은 모과 향기 덕에 마음이 덜 허허로웠다.

고향 집에서 가지고 온 모과 몇 개는 바구니에 담아 천연방향제로 썼다. 거기서 벌레가 꼬물거리며 기어 나오면 흙이 있는 곳에 가져다 놓았다. 미끈하게 생긴 모과는 친구들과 나누고, 아주 못생긴 건 채 썰어 차를 담갔다. 모과차는 내 삶에 생기와 향기를 주었다.

어느 해 가을 고향 집에 갔더니 모과나무 그루터기만 남아 있었다. 나는 너무도 마음이 아려 여동생에게 전화해서 볼멘소리를 내질렀다.

"모과나무 누가 벴어?"
"옆집 사람이!"
"아니, 옆집 사람이 왜?"
"새로 이사 온 사람이야. 잎이 자꾸 자기 집 마당으로 떨어진다고 피곤하게 굴더라고! 모과나무 베어버리면 안 되냐고!"
"그래도 그렇지! 왜 베라고 했어?"
"우리가 때맞춰 가서 나뭇잎을 쓸어줄 수가 없어서 그

냥 그러라고 했지!"
　돌이킬 수 없는 일에 나는 눈물이 펑 쏟아졌다.

　그 나무는 이제 내 추억 속에서만 자란다. 그 모과나무가 그리우면 나는 사진 폴더를 열고 가을에 고향 집에 갈 때마다 찍어 둔 샛노란 모과 사진들을 본다. 사진에 코끝을 대고 향기를 맡는다. 추억 속 향기를! 되새김질도 애달픈 그 추억에서 나를 불러낸 건 내가 나무를 선물한 적 있는 친구의 목소리였다.

"몇 년 전에 네가 선물한 나무 있잖아! 가을에 잎이 빨갛게 단풍 들고, 열매도 빨갛게 맺히는 거!"
"아, 새들의 식탁으로 쓰라고 했던 거?"
"그때 그 나무를 담장 가까이 심었잖아? 그런데 낙엽이 자꾸 골목으로 떨어지니까 민원이 들어와! 나무 좀 베라고!"
"대체 누가 그러는 건데?"
"골목에 늙은 마녀라고 불리는 사람이 살잖아! 남편한테 매일 악을 쓰는 여자!"
"그 여자 때문에 자두나무도 벴잖아!"
"매일 잔소리야, 매일 잔소리! 나무 베라고!"

사랑의 각도

"그 사람 참 웃기네. 자기 나무도 아니면서 왜 그래? 낙엽 지면 나가서 골목을 쓸면 되지. 나뭇가지가 늘어져서 지나다니는 사람들한테 거치적거리지도 않는데. 먹이 구하기 힘든 겨울철에 새들이 날아와서 열매 따 먹으라고 심은 나무를 두고 왜 자기가 난리야. 그리고 그 할머니는 그 나무가 있는 골목에 살지 않고 반대편 골목에 살잖아! 그런데 왜 자기가 난리야? 그건 월권이지!"

나는 항변했다. 애꿎은 친구한테 말이다.

"그 마녀가 골목대장이잖아! 남의 일에 사사건건 참견하고! 주차 문제로도 얼마나 상소리 하면서 대판 싸우는데! 주말에 자기 아들이 와서 주차할 자리에 딴 사람이 주차했다고 얼마 전에도 새로 이사 온 사람이랑 대판 싸웠어!"

내가 그 나무를 친구 정원에 심은 건 순전히 새들 때문이었다. 새들이 그 나무에 열리는 열매를 좋아한다고 해서 말이다. 나는 퍼뜩 생각나서 친구에게 말했다.

"아, 그 나무가 바로 영화 〈리빙 LIVING〉에 나온 나무야. 로엔트리! 그게 마가목이야."

"그래? 몰랐네!"

"주인공이 그 로엔트리 덕분에 인생을 바꾸잖아. 그 나무가 굉장한 나무야!"

우리 셋은 그 영화에서 주인공이 부르던 노래를 유튜브에서 찾아 들었다. 내가 말했다.

"영화 〈퍼펙트데이즈(Perfect Days)〉에서 주인공 히라야마가 밤마다 잠들기 전에 읽던 책도 나무에 관한 책이었잖아! 어떤 사람들 삶에는 나무가 굉장히 중요한 역할을 하는 거야!"

"윌리엄 포크너의 『야생 종려나무나』와 고다 아야의 『나무』에서처럼?"

"맞아! 『나무』는 절판됐다가 다시 출간됐어. 그걸 사서 요즘 읽는 중이야."

"나도 읽어봐야겠네."

"일단 그 책을 쓴 고다 아야라는 분한테 존경심이 생기더라. 장장 13년 6개월 동안 일본 곳곳에 있는 나무를 찾아다닌 열정이 놀라워. 신체가 허약해져서 벌목꾼들 등에 업힌 채로 가서 만난 나무도 있더라고. 사람들이 나무를 대하는 태도가 생각 외로 경건해서 놀라웠어. 누구한테든 한번 읽어보라고 권하고 싶어."

나는 내 추억 속에서만 자라는 몇 그루의 나무를 생각했다. 모두 인간이 이기심으로 베어낸 나무들이다. 그래서 매년 내 기억 속에서만 새순을 틔우고, 가지를 뻗고, 꽃을 피우고, 열매를 맺는다.

나는 가끔 나무에 손바닥을 대고 나무의 약동을 느낀다. 가끔은 나무를 껴안거나 나무에 등을 대고 서 있기도 한다. 나무의 이야기를 듣고, 에너지를 수혈받듯 나눠 받는다. 담장을 넘어온 이웃집 나뭇가지 하나 봐주지 못하는 야박한 사람들 틈에서 소신을 지키며 꿋꿋이 살아갈 힘을 얻는다.

나무는 자란다. 나도 자란다.

월동하는 식물의 힘

1.

입춘 무렵 내가 어김없이 챙겨 다니는 건 돋보기다. 볼록 렌즈를 이용하여 물체의 상을 확대해 볼 수 있도록 만든 도구. 손잡이 달린 테두리가 있는 형태가 일반적이며, 외과 의사나 치과 의사, 보석 세공사나 시계공 등이 사용하는 작은 돋보기는 루페라고 부른다.

정밀 작업을 할 때 쓰는 확대경 루페(loupe)는 작은 돋보기를 의미하는 프랑스어에서 유래된 단어다. 초기에 만들어진 렌즈 형태가 혹이나 옹이처럼 볼록하게 튀어나왔었기에 그런 이름이 붙었단다.

내게는 원형의 테두리와 손잡이가 황금빛으로 도금된

돋보기 한 개, 고흐의 아몬드나무 그림이 인쇄된 루페 한 개, 책갈피 돋보기 두 개가 있다. 책갈피 돋보기는 직사각형으로 일반적인 명함보다 약간 크다. 그러나 그걸 책 읽을 때 쓰지는 않는다. 여행할 때 기내에서 서류를 작성할 때나 제품의 설명서를 읽을 때 쓴다. 그것들은 거의 글씨가 깨알 같기 때문이다.

나는 루페로 나무에서 돋아나는 새순을 본다. 나무에 아직 물이 오르지 않은 때라도 루페로 들여다보면 바늘 끝처럼 표피를 뚫고 나온 새로운 움이 보인다. 꽃샘바람과 봄눈에도 끄떡없는 초목의 그 어린싹을 보는 기쁨은 이루 다 말할 수가 없다. 우선, 맨눈으로 볼 수 없는 것을 보는 기쁨이 크다. 또한 겨울을 뚫고 나온 그 여리디여린 새싹이 지닌 어마어마한 생명력을 느끼는 게 좋다. 새싹을 보면서 내 속에도 깃들어 있는 봄기운을 감지하며 확신한다. 내 인생도 환하게 터지며 매혹적인 꽃을 피울 수 있으리라고!

내가 신비로운 순간을 경험하기 위해 돋보기를 지니고 다니기 시작한 것은 한 친구 때문이다.

어느 해 봄, 나무가 움트고, 꽃이 피기를 이제나저제나 기다리던 때였다. 한 친구에게 전화가 왔다. 빨리 자기 집으로 오라는 것이었다. 까닭도 묻지 않고 친구네로 달려갔다. 거실에 들어서자마자 그가 나에게 손잡이 달린 확대경을 건넸다. 그러고는 탁자 위에 놓인 사각 화분 속 느티나무 분재를 가리켰다. 나는 호기심에 겨워 돋보기를 들고 느티나무를 봤다.

"어머, 세상에나! 아름답다, 아름다워!"

내 입에서 탄성이 절로 나왔다. 그때 돋보기를 통해 본 작은 느티나무는 완전 마법의 세계 그 자체였다. 회갈색 가느다란 나뭇가지마다 연두색 새순이 돋아나 있었는데, 작고 갸름한 타원형 잎 가장자리마다 잔잔한 톱니가 보였다. 잎맥이 뚜렷하고, 잔털이 빽빽하게 나 있어 부드러운 느낌을 주는 그것이 어떻게 혹한의 겨울을 뚫을 수 있었는지 한없이 신비할 따름이었다.

그날 이후 나는 마음에 드는 돋보기를 구하느라 꽤 애썼다. 그러다 외국 여행길에서 빈티지 돋보기 하나를 구했다. 그것이 봄나무 새순을 보기 위해 최초로 산 돋보기이고, 루페와 책갈피 돋보기는 그 이후 장만했다.

나는 살면서 힘겨울 때마다 돋보기로 처음 본 초봄의 느티나무를 떠올린다. 잔모래 크기의 그린 사파이어를 촘촘히 매달아 둔 것만 같이 눈부시던 그 나무를 말이다. 그 나무 덕분에 오늘도 나는 꺾이는 고개를 쳐들고 삶에게 덤빈다. 내가 적극적일수록 삶에 점점 의연해지는 이상한 느낌 또한 신선하다.

2.
초봄에 빠뜨리지 않고 가는 곳은 화원(花園)이 늘어선 동네다. 현재 살고 있는 강원도 원주에도 그런 곳에 있는데, 바로 관설동에 있는 꽃 재배단지다.

"와, 저 꽃들 색깔 좀 봐!"
"어머, 저런 하트 모양 선인장도 있네!"

길 양편으로 늘어선 화원 앞에 진열된 꽃들만 봐도 탄성이 나온다. 그곳에 갈 때마다 내게 한결같이 웃음을 주는 존재는 꽃과 아기뿐이라는 걸 실감한다. 그곳에서 화분에 옮겨 심을 꽃모종, 분갈이에 필요한 흙, 영양제를 산다. 커다란 화분에서 십여 년 자란 벤저민고무나무나 남천을 산 적도 있다. 꽃모종을 살 때 나는 질문이 많다.

손이 많이 가나요?
언제 잎이 지나요?
물을 얼마 만에, 어느 만큼 줘야 하나요?
음지를 좋아하나요, 양지를 좋아하나요?
토종인가요, 외래종인가요?
그러나 이 모든 궁금증에 앞서는 질문은 바로 이것이다.
"이 화초는 월동하나요?"

나는 뜨락에 모종을 내기도 하지만, 2층 베란다 난간에 올려 둔 스무 개 넘는 화분에도 꽃모종을 심는다. 그래서 매년 꽃모종을 사러 갈 때마다 화원 주인에게 잊지 않고 묻는 게 월동하는가, 이다. 제아무리 어여쁜 꽃이라도 월동하지 않으면 슬며시 지나치고 만다.

월동하는 꽃모종을 선호하는 데는 나름대로 이유가 있다. 첫 번째 이유는 당연히 올해 본 꽃을 내년에도 보고 싶은 욕심 때문이다(매년 그 꿈은 시들어 죽고 만다). 그런 실용적인 이유보다 더 큰 이유는 월동이라는 말뜻 때문이다.

월동은 '겨울을 난다'라는 뜻을 지닌 낱말이다.

이 말에서는 이상하게도 혹한의 겨울을 무탈하게 건너는 데 필요한 동물적 힘이 느껴진다. 실제로 화초들은 월동하기 전에 생장(生長)을 멈춘다. 아니, 멈춘다기보다 잠시 쉰다. 그걸 두고 휴면기라고 한다. 월동하는 꽃나무들은 뿌리, 줄기, 잎에 저장해 둔 영양분을 최소한으로 쓰면서 일찍부터 봄을 준비한다. 그런 식물들을 볼 때면 자연스럽게 내 삶을 돌아보게 된다.

새하얀 눈이 빈 화분에 고봉밥처럼 쌓여 있을 때도 나는 월동하는 식물의 힘을 느낀다. 그때마다 나의 겨울나기에 대해 성찰한다. 인간인 나도 새봄에 연둣빛 새순을 틔우고, 황홀한 색채와 향기를 내뿜고, 탐스러운 열매를 맺을 수 있는 에너지를 비축할 수 있는 상징적 방법을 찾는다. 무채색의 계절에 나는 글 쓸 힘을 키운다. 여행, 사색, 독서……

이런 인간의 월동에도 봄을 꿈꾼다는 항목이 추가된다.

3.

"이쪽으로 와서 서 봐!"

"아니야, 여기서 맡는 향기가 더 좋아!"

뜨락에 있는 능수매화, 운용매화, 백매화가 일제히 꽃을 피우기 시작하면 친구와 나는 꽃나무들 사이에서 더 짙은 향기를 맡을 수 있는 자리를 찾는다. 어느 방향에서 꽃나무와 얼마만큼 거리를 둔 자리에 서야 더 강한 향기를 맡을 수 있는지를 열심히 탐색한다.

운용매화는 아직 작다. 일 미터 정도다. 그러나 매혹적이다. 운용매화는 스스로 줄기와 가지를 꼬고 구부러뜨리면서 자라기 때문에 수형이 아주 독특하게 아름답다. 이름처럼 용이 구름 속을 나는 것만 같다. 용이 승천하는 자태를 가진 나무에 피는 흰색 겹꽃은 향기가 아주 짙다. 그러나 나는 꽃보다 그 모양새를 좋아한다. 보고 있노라면 용과 관련된 수많은 이야기를 떠올릴 수 있기 때문이다.

"백 매화꽃 다섯 송이 피었어. 어제는 두 송이 피었는데."

"능수매화꽃 열 송이 피었어."

"운용매화꽃도 피었어."

올해는 제일 일찍 핀다는 운용매화보다 가장 양지바른 곳에 있는 백매화가 먼저 피었다. 날마다 나무 가까이 가서 꽃망울이 언제 터질지 가늠해 보던 나는 드디어 꽃이 피었을 때 같이 그 나무가 움트는 것을 보았던 친구에게 사진을 찍어 보냈다.

언젠가, 능수매화가 수양버들처럼 땅을 향해 휘늘어진 가지가지에 꽃을 다닥다닥 달고 있을 때, 참새들이 아침 점심을 가리지 않고 날아와 앉았다. 고 녀석들은 꽃가지뿐만 아니라 꽃가지가 휘늘어지면서 자연스럽게 만들어진 은밀한 공간에도 들어 재잘거렸다.

"참새는 왜 저렇게 능수매화를 좋아하지?"
친구와 나는 그걸 보며 시간 가는 줄 몰랐다.
"참새는 잡식성이잖아. 능수매화 꽃잎과 꽃받침의 부드러운 부분을 쪼아먹는대. 꽃 안에 꿀이 있어서 그걸 핥아먹기도 한대."
"꽃 피는 시기에는 참새들 먹이가 부족한가?"
"능수매화 나무에 특히 새들 먹이가 풍부하대. 꽃 때문에 날아드는 작은 곤충이나 벌레가 많으니까 그걸 잡아먹는 거지."

"촘촘한 꽃가지가 낙하산처럼 펼쳐진 공간이 참새들 은신처 같아."

"우리도 능수매화 앞에 텐트 칠까?"

"와, 멋진 생각이야."

우리는 의기투합해서 능수매화와 백매화 가까이 2인용 텐트를 쳤다. 그리고 밤이 올 때를 기다렸다.

"와, 밤 되니까 매화 향기가 낮보다 훨씬 짙은걸?"

"밤 되면 기온이 내려가잖아. 그래서 향기가 휘발되는 속도가 느려진대. 향기 분자들이 오랫동안 꽃 주변에 집중적으로 몰려 있는 거지."

"향기가 마치 밤안개처럼 우리를 감싸고 있는 거 같아."

그날 우리는 텐트에서 술과 인생에 관한 여러 담론으로 밤을 새웠다.

아침에 텐트에서 나온 내가 소리쳤다.

"어머, 참새가 꽃잎에 맺힌 이슬을 먹고 있어!"

잊을 수 없는 봄밤이었지만 그날 이후 능수매화 피는 철에 뜨락에 텐트를 치지는 않았다. 그러나 그 한 번의 추억만으로도 봄은 매해 향기롭다.

나는 꽃나무가 첫 꽃을 피울 때 정원 입구에서 신발을 벗는다. 양말도 벗고 맨발로 뜨락에 든다. 이국의 사원에 들어갈 때처럼 나는 그렇게 최대한 경건한 자세로 꽃나무 앞에 선다.

이것이 나만의 신성한 봄맞이 의식이다.

살게 하는 맛

"미식가는 괴롭다."

친구가 한 말이다. 혀가 맛있는 걸 기억하기 시작하면 맛없는 음식 먹는 일이 괴롭다는 뜻으로 말한 것이다. 또한 미식에 집착하는 생활을 경계하자는 의미도 은연중 담았을 터이다. 그 친구 말이 백번 옳다는 것을 어제 다시금 깨달았다. 어제는 내 혀가 기억하는 맛 때문에 괴로웠다.

더위가 수그러지기 시작한다는 처서가 지났으나 여전히 햇볕이 뜨겁게 내리쬐는 한낮이었다. 갑자기 엄마가 해 주시던 풋고추 전이 먹고 싶었다. 엄마는 전을 좋아하는 나를 위해 땡볕이 내리쬐는 한여름에도 불 앞에 앉아 갖은 전을 부쳐주곤 하셨는데, 무더위를 이기게 했던 그 맛이 내 기억 속에서 불현듯 떠오른 것이다. 나는 먹고 싶은 음식이 생기면 곧바로 직접 만들어 먹는 편이다. 어제도 그랬다.

우선 치자나무 열매 한 개를 꺼내 반으로 자른 뒤 그릇에 담고 물을 부었다. 물이 닿자마자 치자는 주황에 가까운 노랑을 뿜어냈다. 작은 열매 속에 그리 아름다운 색깔이 숨어 있으니 경이로울 따름이다. 치자가 약용과 천연염료로 인기를 끄는 이유를 빛깔만으로도 짐작할 수 있었다. 향수와 방향(芳香)으로 쓰이는 꽃은 또 얼마나 향기로운가.

치자가 충분히 우러나기를 기다리며 텃밭으로 나가 풋고추를 따왔다. 그리고 식초 푼 물에 씻어 반으로 갈라 씨를 털어내고 어슷하게 썰었다. 그것을 샐러드 볼에 담고, 부침가루를 넣고, 치자 우린 물을 부어 걸쭉하게 반죽했다. 그런 뒤 달군 팬에 들기름을 두르고 전을 부쳤다. 내가 채 썰어 부친 풋고추 전은 그런대로 먹을 만했다.

풋고추 전과 함께 마시려고 나는 칵테일 한 잔을 준비

했다. 정원에서 딴 애플민트와 시장에서 사 온 라임, 진저에일, 화이트 럼, 백설탕에 잘게 깬 얼음을 섞어 모히토를 만들어서 풋고추 전을 한 접시 다 비웠다. 가을맞이 낮술 안주로는 그만이었다. 남은 건 저녁에 전 전골을 만들어 추억의 맛으로 뚝딱 두 끼를 때웠다. 그러나 엄마를 따라 내가 만든 음식은 그저 허기를 채우기에 급급한, 엄마표 풋고추 전을 흉내 낸 맛에 불과했다.

   엄마가 해 주시던 풋고추 전은 떠올리기만 해도 군침이 돈다. 고소한 냄새가 난다. 우선 풋고추의 아삭한 식감이 살아 있다. 그뿐 아니라 치자에서 우러난 노란빛과 어우러진 풋고추의 초록빛이 도드라져 시각도 만족시킨다. 노릇노릇하게 구워진 전을 한입 베어 물었을 때 나는 "바삭" 소리는 청각까지 깨운다. 한 입만 먹어도 철판의 열기에 한풀 꺾인 풋고추의 알싸한 맛과 밀과 어우러진 향기를 느낄 수 있다. 고추 모종이 뿌리내린 땅의 기운, 고추가 제 몸에 쟁여 특별한 맛으로 바꾼 햇살과 바람을 혀에서 느낄 수 있다.

   엄마가 오로지 싱싱한 풋고추 한 가지만으로 풍미 넘치는 맛을 내는 비법은 무엇이었을까. 흔히들 말하는 손

맛이었을까. 나는 음식마다 오롯이 쏟아부은 엄마의 넉넉한 마음이라 단언하고 싶다.

"숙모가 해 주시던 음식들 먹고 싶어. 숙모의 감자찌개와 제사음식이 생각나네. 어떤 땐 그 감자찌개 향기를 맡아. 그때의 미각이 느껴져. 팥 넣은 호박죽이랑 시루에 찌던 떡도 먹고 싶네."

최근에 소설 쓰는 친척과 대화를 나누다가 그 언니가 했던 말이다. 언니가 엄마의 요리를 기억하는 걸 알고 나는 깜짝 놀랐다. 엄마의 손맛을 기억하는 사람이 의외로 많았다.

손주들은 외할머니가 구워 주던 살점이 쫄깃쫄깃한 조기 맛을 그리워한다. 아이들은 그 생선구이를 '왕방구생선'이라 부르며 킥킥댔다. 엄마는 장에서 싱싱한 조기를 사다 집에서 다시 천일염으로 간을 해 바다의 맛을 더했다. 나는 엄마가 그렇게 간을 한 가오리찜과 문어찜도 그립다. 엄마의 요리는 언제나 간이 딱 맞고, 입에도 딱 맞았다.

"나는 엄마가 만드신 순대가 먹고 싶어. 돼지 내장을 굵은 천일염에 박박 문질러 씻은 뒤 선지, 씻어서 다진 김장 김치, 찹쌀, 갖은양념을 채워 만든 순대. 나도 꼭 한번 만들어 보고 싶은 음식이야. 순대 장인 집에 가서 먹어봐도 엄마가 만든 순대 맛은 느낄 수 없거든!"

내 말을 들은 언니가 말했다.

"숙모님은 부엌에서 늘 부지런히 움직이셨어."
"엄마가 음식 해서 두루 먹이는 거 좋아하셨지. 나는 기억 못 하는데 고향 친구들이 가끔 그래. 엄마가 만들어 주시던 음식 먹고 싶다고!"
"나도 숙모의 그런 점을 좋아했어. 다정한 분이야."

언니의 그 말에 나는 콧등이 시큰해졌다. 병상에 누워 계신 엄마를 아름답게 기억해 주는 사람이 있다는 게 적잖은 위로가 되었다.

엄마는 부잣집에서 귀하게 자랐으나 모든 집안일을 직접 하셨다. 내가 엄마를 쏙 빼닮은 게 있다면 큰 손이다. 엄마는 사람이 그리 크지는 않았으나 손이 컸다. 물론 실제 손이 컸다는 얘기는 아니다. 마음 씀씀이가 컸다는 얘기다.

보릿고개 시절에도 식전에 거지가 오면 꼭 따로 먹을 걸 챙겨 마루에 앉아 먹고 가게 했다. 길손을 위한 고봉밥 한 그릇은 꼭 가마솥 안에 넣어 두었다. 도시의 자식들 집에 와서 살 때도 이웃들과 먹거리를 나눴다. 그런 엄마를 보고 성장한 나 역시도 손님 초대 음식을 만들면 잔소리를 들을 정도로 넘치게 만드는 버릇이 몸에 뱄다.

엄마를 도와 내가 미국에 가지고 갈 음식을 만들 때 알게 된 맛의 비결 중 하나는 양념을 아끼지 않는 거였다. 삭힌 깻잎과 채 썰어 말린 무를 재료로 밑반찬을 만들 때였다. 엄마가 끓여 식힌 조청에 넣는 고춧가루와 찧은 마늘의 양을 보고 나는 입이 떡 벌어졌다. 특히 마늘의 양이 어마어마했다. 양념과 정성을 아끼지 않고 쏟아부은 반찬은 미국에 있던 손주와 지인들이 아주 좋아했고, 줄 때마다 매번 아껴가며 맛있게 먹는다며 고마워했다.

내가 엄마를 닮은 게 또 있다면 빠른 손놀림이다. 엄마도 나도 손이 빠르다. 엄마는 도깨비방망이처럼 뚝딱 먹을 걸 맛나게 만들곤 하셨다. 어린 내가 찐빵 먹고 싶다고 하면 그 말이 떨어지자마자 빵 반죽을 했다. 그러고는 불 때서 밥하던 커다란 밥솥의 밥물이 한번 포르르 끓고 나면 솥뚜껑에 빵 반죽을 척 붙이고, 미리 삶아 둔 붉은 강낭콩을 고명으로 흩뿌렸다. 밥 뜸이 다 들 무렵이면 빵도 맛있게 쪄졌다.

내가 떡국을 먹고 싶다고 하면 엄마는 뚝딱 떡국을 끓여주셨다. 그 시절만 해도 지금처럼 썰어놓은 떡국떡을 아무 때나 살 수 없었다. 떡국은 설날에만 먹을 수 있는 음식이다. 그런데도 엄마는 내가 떡국 타령을 하면 쌀을 불려 찧은 뒤 그걸로 익반죽을 만들었다. 오래 치댄 반죽을 가래떡처럼 길게 만든 뒤 어슷어슷 썰어 멸치와 다시마를 우려낸 국물에 넣고 끓였다. 엄마는 그 떡국을 '산떡국'이라 불렀다. 금방 반죽해서 만들어 맛이 신선한 떡국이라 그런 이름을 붙였을 테다.

엄마는 그런 식으로 내 입에서 뭐가 먹고 싶다는 말이 떨어지기 무섭게 그 음식을 만들어 주곤 하셨다. 그러니 그런 음식을 먹은 나는 물론이고 같이 먹었던 사람들도 엄마 음식 속에 뭉근히 녹아 있던 인정을 몹시도 그리워

사랑의 각도

하는 것이리라!

다른 사람이 나에게 만들어 준 음식 중 제일 기억에 남는 건 베트남의 호찌민 변두리 마을에서 먹은 당근 주스다. 이른 아침에 마을을 산책하고 있을 때 그 식당을 발견했다. 버젓한 간판이 있는 건 아니었지만 작은 공간에 사람들이 빼곡하게 앉아 쌀국수를 먹고 있었다. 풍경이 너무 정겨워 무작정 나도 끼어들었다.

아침은 숙소에서 먹고 나온 터라 무얼 주문해야 할지 고민하다가 당근 주스를 주문했다. 주인은 뒤쪽 텃밭으로 나가 당근을 뽑아왔다. 그러고는 그걸 씻은 뒤 강판에 갈아 꼭꼭 짜서 유리컵에 담아 건네줬다. 맛이 일품이었다. 그때 새삼 깨달았다. 내 몸은 땅이 키운 신선한 맛을 좋아한다는 것을.

내가 봄마다 작은 텃밭에 들깨, 고추, 피망, 근대, 아욱, 가지, 오이, 방울토마토 등을 심는 이유는 바로 신선한 맛을 음미하고 싶기 때문이다. 특히 방울토마토를 수확할 때는 나무 앞에서 토마토 줄기가 내뿜는 미묘한 향기를 오래 맡는다. 빨갛게 익은 탱글탱글한 방울토마토를 먹을 때보다 식물이 뿜어내는 향기를 맡는 게 더 좋다. 나는 농작물이 뿜어내는 냄새를 총칭해 '텃밭 냄새'라 부른다. 그건 바로 뿌리를 가진 생명의 냄새다.

아직 이루고 싶은 소원이 많다. 그중 하나가 조금 큰 텃밭이 딸린 집에 살면서 불쑥불쑥 지인들을 초대해 음식을 만들어 먹는 것이다. 맛있는 음식을 나누어 먹을 때마다 행복을 느끼니 말이다. 모임 이름은 몇 년 전에 미리 지어뒀다.

음유시인의 축제.

참석하는 사람들은 낭독하고 싶은 시를 한 편씩 가져오는 게 의무다. 자작시를 가져와도 되고, 좋아하는 시인의 시를 가져와도 된다. 때로는 럼을 넣은 모히토나 샹그리아도 만들어 마시며 시를 음미하면 삶에 탄력을 주는 작은 축제가 될 거 같다.

이런 멋진 꿈을 꾸는 일,
나를 살게 하는 또 하나의 맛이다.

내 사랑 '하로'

　웃고 싶을 때 보는 애니메이션이 있다. 그건 바로 영국의 애니메이터 사이먼 토필드(Simon Tofield)가 만든 〈사이먼스 캣(Simon's Cat)〉이다. 애니메이션 시리즈와 동시에 책으로 볼 수 있다. 주인공은 극 중에서 그래픽 아티스트로 나오는 사이먼 토필드의 고양이다.

　이 고양이는 흰색이고, 약간 뚱뚱하고, 식탐이 있다. 그래서 늘 먹이를 얻기 위해 순하고, 착하고, 거미 공포증이 있는 사이먼을 괴롭힌다. 이를테면 샤이먼의 고양이는 자기 배가 고플 때 사이먼이 자고 있으면 온갖 방법으로 그를 깨우려 한다. 이불을 긁어대고, 샤이먼의 얼굴을 밟고 지나가고, 심지어는 야구방망이로 때린 뒤 시치미를 떼기도 한다.

샤이먼이 샤워하는 욕실에 뛰어들고, 택배 상자를 차지하려고 온갖 소동을 일으키고, 새를 잡아서 문 앞에 가져다 놓고, 화분을 깨뜨리고, 집안을 어지르고, 사이먼 식탁의 음식을 탐내고, 서류 더미 위에 올라앉아 일을 방해한다. 나중에 극 중에 합류한 아기 고양이 키튼과 공모해 사이먼을 두 배로 골탕 먹인다.

예측을 불허하는 소동을 보고 있노라면 절로 웃음이 난다. 사이먼을 골탕 먹이려고 갖은 머리를 쓰는 재치와 익살이 엉뚱하면서도 기발하기 때문이다. 그런 고양이를 어찌 사랑하지 않을 수 있겠는가.

사이먼의 고양이는 극 중에서 이름이 없다. 그저 '사이먼의 고양이'로 불린다. 작가는 어느 인터뷰에서 시청자가 '사이먼의 고양이'를 자신이 키우는 고양이와 비슷하다고 상상하면 공감대가 더욱 커질 거 같아 이름을 짓지 않았다고 했다. 의도는 적중했다. 나 역시 반려(伴侶)인 고양이 '하로'를 떠올리며 그 애니메이션을 시청하기 때문이다. 그러면서 유쾌하게 웃고, 수도 없이 고개를 끄덕였다. 고양이에게 늘 당하기만 하는 사이먼에게는 연민까지 느꼈다.

이 애니메이션에는 대사가 없다. 짓궂은 고양이의 표정과 몸짓, 효과음, 인내심 많은 사이먼의 행동으로 상황을 코믹하게 이야기한다. 그래서 고양이를 키우는 사람은 물론이고 고양이를 키우지 않는 사람까지 고양이의 행동과 습성을 이해하며 빠져들게 된다.

〈사이먼스 캣〉에서 '사이먼의 고양이'의 모델은 작가가 키우는 고양이 '휴(Hugh)'라고 한다. 'Hugh'는 마음, 정신, 지성 등을 의미하는 고대 독일어 이름인 '후고(Hugo)'에서 유래했다고 하나, 일반적으로 쓰는 영어 이름이란다.

아주 어리거나 어린 고양이를 부르는 말이면서, 애니메이션 속 고양이 이름이기도 한 '키튼(Kitten)' 역시 작가의 네 번째 고양이 '테디(Teddy)'를 모델로 삼았다고 한다. 고양이를 키운 덕분에 작가는 전 세계적으로 명성을 얻은 애니메이션을 제작할 수 있었을 테다. 고양이가 준 선물치고는 어마어마하다. 고양이는 그렇게 예술가의 반려이면서 영감을 주는 존재다.

나의 절친한 시인 친구인 조은 역시 고양이들을 돌보

면서 겪은 다양한 이야기들을 책으로 펴냈다. 아침달 출판사에서 펴낸 『고양이의 골골송이 흘러나올 게다』를 읽으면 시인이 연약한 생명체들에 대해 얼마나 깊은 애정을 품고 있는지 경외감과 존경심을 품게 된다. 또한 길에 내몰린 채 하루하루를 위태롭게 살아가는 생명체들과 우리 인간이 어떻게 공존해야 하는지도 다시 한번 생각하게 된다. 일독을 권하고 싶은 책이다.

고양이라는 매력적인 존재에게 영감을 받은 예술가는 부지기수다. 그 예술가들의 고양이는 예술가인 당사자 못지않게 유명세를 누린다. 『노인과 바다』를 비롯해 수많은 명작을 남긴 헤밍웨이도 고양이와 함께 생활했다. 그의 고양이 이름은 '스노우볼(Snowball)'이다. 털이 새하얀 몸을 동그랗게 말고 있는 모습이 인상적이어서 그런 이름을 붙이지 않았나 싶다.

헤밍웨이가 미국의 플로리다 끝자락인 키웨스트에 정착했을 때 선장 친구가 선물한 그 고양이는 발가락이 여섯 개였다고 한다. 어떤 이들은 다지증 고양이가 행운을 가져다준다고 믿기도 한단다. 스노우볼이 마음껏 뛰어놀도록 헤밍웨이가 마당까지 개조했다고 하니 고양이 사랑이 어느 정도였는지 짐작할 만하다.

그는 다른 고양이도 키웠다는데, 그들 개성을 존중해 '털복숭이 인격체들'라고 불렀다고 한다. 그런 사랑 때문에 그는 「빗속의 고양이(Cat in the Rain)」라는 멋진 작품을 탄생시켰을 테다. 현재 헤밍웨이 박물관에는 60여 마리 고양이가 살고 있다고 한다. 상당수가 다지증 고양이(polydactyl cat)인 그들은 '헤밍웨이 고양이(Hemingway cat)'라는 별칭으로 불리며 박물관 마스코트 역할을 하고 있다.

헤밍웨이 외에도 고양이를 사랑하고 그 존재에게 영감을 받은 예술가는 많다. T.S 엘리엇은 고양이를 노래한 시집 『지혜로운 고양이가 되기 위한 지침서(Old Possum's Book of Practical Cats)』를 펴냈다. 이 작품을 원작으로 영국의 작곡가 앤드루 로이드 웨버(Andrew Lloyd Webber)가 쓴 뮤지컬 〈Cats(고양이들)〉는 전 세계에서 공연되며 관객에게 감동을 선사하고 있다.

전설적 록 가수 프레디 머큐리(Freddie Mercury) 역시 고양이를 사랑했다. 그래서 솔로 앨범 〈미스터 배드 가이(Mr. Bad Guy)〉의 속지에 이런 문구를 적었다.

"이 앨범을 내 고양이 제리 그리고 톰, 오스카, 티파니와 온 우주의 고양이 애호가들에게 바칩니다. —나머진 알 게 뭐야(screw you)."

고양이를 향한 그의 깊은 애정뿐만 아니라, 세상에 대한 냉소적인 유머와 반항적인 태도까지 엿볼 수 있는, 프레디 머큐리다운 문구이다.

나 역시도 고양이를 반려로 삼고 있다. '반려'라는 말을 사전에서 찾아보면 '짝이 되는 동무'. 여기서 '동무'는 '친하게 어울리는 사람'을 가리킨다. 그러나 사람의 자리에 동물이 놓일 수도 있고, 식물이 놓일 수도 있고, 때로는 돌과 같은 무생물이 놓일 수도 있을 테다.

내 반려묘 이름은 하로다. '하룻강아지 범 무서운 줄 모른다'라는 숙어에서 '하루'를 떼어왔다. '하루'는 아직 세상 물정을 잘 모르고 경험이 없는 상태를 비유적으로 표현한 말이다. 범(호랑이)을 무서워하지 않는 천진한 대범성을 지닌 말이 '하루'인 셈이다. 그걸 '하로'로 변형해서 쓰고 있다. 하로는 고양이 나이로는 여덟 살이고, 사람 나이로는 쉰이 다 되어간다. 하로는 귀가 접힌 스코티시 폴드

종이다. 그래서 아주 차분하고, 애교가 많고, 사람 곁에 머무는 걸 좋아한다. 일명 '개냥이'다.

그동안 하로로 인해 벌어진 헤프닝은 수도 없이 많다. 그중 가장 많은 게 하로의 선물과 관련되어 있다. 내가 살고 있는 곳이 주택이다 보니 쥐가 없을 수 없다. 하로가 누비고 다니는 지금에야 쥐가 씨가 말랐지만, 하로가 외출 고양이로 집 안팎을 드나들며 살기 시작한 아기 때만 해도 사람 눈에 띄지 않을 뿐 쥐가 많았다.

아침마다 현관 앞에는 하로가 사냥해다 놓은 죽은 쥐가 있었다. 처음에는 그걸 보고 기절초풍했으나 곧 익숙해졌다. 하로는 때로 살아 있는 쥐를 물고 와 내 발치에 내려놓기도 하고, 산 쥐를 사냥하는 기술을 내 앞에서 직접 보여주기까지 했다. 잡아 온 쥐를 공처럼 앞발로 치고 받고, 도망가게 뒀다가 뒤쫓아가 잡고……. 그렇게 사냥 놀이 하느라 지친 하로가 이빨로 물었던 쥐를 놓아줬을 때 그 쥐는 도망갈 엄두를 내지 못한 채 공포에 질려 그 자리에 널브러져 있기도 했다.

하로는 내게 쥐만 선물하는 게 아니다. 참새도 선물한

다. 내가 거실의 책상에 앉아 노트북으로 글을 쓰고 있을 때였다. 참새 한 마리를 입에 문 하로가 창문 밖에 있었다. 그때 나는 급히 마무리해야 할 원고가 있어 하로를 한 번 힐끗 보고는 글쓰기에 집중했다. 잠시 후 내다봤더니 참새 몸통은 온데간데없고 머리만 덩그러니 남아 있었다. 하로는 어디로 갔는지 안 보였다. 또다시 글쓰기에 집중하다가 창밖을 보니 참새 머리도 사라지고 없었다. 하로가 참새 한 마리를 통째로 먹어버린 것이다.

움직이는 것을 좋아하는 하로는 정원에서 나비를 잡으려고 이리 뛰고 저리 뛰며 춤을 추기도 하지만, 가만히 포복해 있을 때가 많다. 참새를 사냥하기 위해 숨죽이고 있는 것이다. 야생의 본능은 어쩔 수 없다.

이런 사연을 서울의 주택에 사는 친구에게 들려줬더니 그 집 지붕에 와서 사는 길고양이는 어느 날 야산에서 토끼를 잡아 온 적도 있다고 했다. 고양이들은 인간의 눈으로 보면 해괴한 방식으로 일명 집사로 불리는 사람에게 애정과 신뢰를 표현하는 것이다.

우리 인간이 일명 '보은'이라고 표현하는 고양이의 별

난 행동은 참으로 많다. 자신이 더없이 행복하다는 것을 표현할 때는 골골 소리를 낸다. 그걸 두고 '골골송'이라고 한다. 집사를 엄마처럼 여기고 애정을 표현할 때는 꾹꾹이를 한다. 그건 젖을 먹을 때처럼 앞발을 번갈아 가며 부드럽게 누르는 행동이다. 또한 집사의 손, 얼굴, 다리에 자기의 몸통이나 머리를 비빈다. 부비부비 역시 친밀감과 함께 상대방이 자기의 소중한 존재라는 걸 드러내는 일종의 육체 언어이다.

고양이의 육체 언어 중 최강은 역시 까칠한 혓바닥으로 집사의 손, 발, 종아리, 얼굴을 핥는 것이다. 그럴 때 고양이는 사람을 자기 가족의 일원이라 생각한다고 한다. 무릎과 배에 올라오고, 골반이나 등을 밟아대는 행위 역시 주체할 수 없는 애정과 신뢰의 표현이란다.

내가 고양이를 키우면서 알게 된 식물이 개다래다. 개다래는 깊은 산속에서 자라는 다래나무과 낙엽 덩굴식물이다. 긴 타원형 열매에 풀잠자리가 알을 낳는다. 알에서 깨어난 애벌레로 인해 열매가 혹처럼 울퉁불퉁해진 것을 '충영(蟲廮)'이라고 한다. 그걸 약재로 쓰는데, 특히 통풍에 특효라고 한다. 나는 그걸로 술과 식초를 담근다.

'꿈꾸는 심정'이라는 개다래의 꽃말을 나는 좋아한다.

호랑이가 제일 좋아한다는 개다래 열매에는 고양이도 환장한다. 그래서 일명 '고양이 마약'으로 불린다. 개다래에 함유된 마타타비락톤 성분이 고양이의 후각을 자극해서 기분을 고조시키기 때문이다. 부서뜨려 놓은 개다래 잎, 건조한 개다래 줄기, 개다래 묘목이 고양이용품으로 인기가 높다.

나도 제법 큰 개다래 묘목을 구해 정원에 심은 적이 있다. 그런데 하룻밤 자고 나가보니 잎이 모두 뜯겨나가고 가느다란 줄기마저 꺾인 채 사라지고 없었다. 사흘이 지났을 때는 실뿌리 한 올 남지 않았다. 길고양이들이 꽤 높은 담을 뛰어넘어 실뿌리까지 아작아작 씹어 먹었으니 그게 고양이 마약이 확실하긴 확실했다.

어느 해는 개다래 열매를 사다가 2층 베란다에 있는 평상에 널어뒀었다. 말려서 차로 쓰려고 했다. 그런데 거기에 알을 낳으려고 사방에서 풀잠자리들이 날아왔다. 장관이었다. 문을 열고 밖으로 나간 나는 깜짝 놀랐다. 온 동네 길고양이들이 몰려와 1층에서 2층으로 올라오는 계단 층층이 줄을 서 있었기 때문이다. 이미 몇 녀석은 개다래를 널어놓은 평상에서 몽롱한 눈빛으로 나를 쳐다보고 있었다. 평생 잊지 못할 광경이었다.

하는 수 없이 개다래를 건조해 차로 우려 마시려던 계획을 수정했다. 몇 줌만 냉동실에 넣어두고 나머지는 술을 담갔다. 가끔 냉동실에 넣어 둔 개다래를 꺼내 하로에게 하나 던져주면, 하로는 물고 빨면서 행복에 겨워 뒹군다. 개다래로 빚은 술을 친구에게 선물한 적이 있다. 친구가 그 술이 묻은 잔을 싱크대에 잠시 둔 사이 그 집 고양이들이 눈 깜짝할 새에 개수대에 뛰어올라 술잔을 핥으며 환락을 즐겼다고 한다.

개다래를 일본에서는 '아타타비(マタタビ)'라고 부른다. 한국에서는 그 말을 변형하여 '마따따비'로 쓴다. 나는 그 말에 깃든 뜻도 좋다. 그건 '다시 여행하다'이다. 다시 새로운 세계를 탐험할 기운을 가질 수 있을 만큼 강력한 힘을 지닌 식물이라는 뜻이다. 행복한 감정은 에너지를 솟구치게 한다.

내 시와 산문에 가끔 등장하는 하로가 하는 행동 중에

는 마중이 있다. 하로는 내가 집을 나갈 때 담장 위에 올라앉아 배웅하기도 한다. 하로의 마중은 늘 선물처럼 느껴진다. 외출했다 귀가할 때면 늘 어디서 딸랑대는 소리가 들린다. 둘러보면 골목길 자동차 밑에 숨어 있던 하로가 목걸이에 달린 방울을 흔들며 달려온다. 그러고는 나와 보조를 맞춰 걷는다. 어떻게 내 발소리를 아는지 신기할 따름이다.

 하로가 하는 행동 중 내가 제일 좋아하는 건 내 옆에 있어 주는 것이다. 내가 코로나에 걸렸을 때다. 나는 격리되어 거실 창가에 원목으로 된 평상 겸 침상을 두고 누워 있었다. 그곳에서 정원과 하늘과 멀리 치악산을 볼 수 있었기 때문이다. 하로는 내 격리가 끝나는 날까지 그 창문 밑에 와서 잠을 잤다.

 지난해에는 오래 키우던 물고기가 죽었다. 그래서 수국 아래 땅을 판 뒤 수국잎과 꽃을 이불처럼 깔고 그 위에 물고기를 눕히고 다시 수국꽃을 덮었다. 그 앞에 서서 내가 눈물을 흘릴 때 하로는 내 종아리에 자기 얼굴을 비비며 같이 울었다. 하로는 그날도 내 방 창문 밑에 와서 잠을 잤다.

사실 하로는 다주택자다. 하로의 집은 제 용도로 쓰지 않는 차고에 있고, 과거에 연탄 광으로 쓰던 지하실에 있고, 뒤꼍에 있고, 벤치 위에 있고, 안방 창문 밑에 있고, 야외용 파라솔을 펼쳐 둔 탁자 위에 있고, 지금은 쓰지 않는 마당의 닭장 위에도 있다. 그런데도 하로는 내 마음이 힘들 때마다 제일 먼저 헤아리고 어떻게든 내 곁으로 온다. 그 말 없는 위로에 언제나 나는 뭉클하다. 연약하고 작은 생명체에게 경외심을 갖게 한다.

진정한 반려는 그런 존재가 아닌가 싶다. 아무 내색하지 않아도 상대방의 심정을 헤아릴 줄 아는 존재. 위로가 필요하다 싶을 때 자기가 할 수 있는 최선의 방식으로 조용히 상대를 위로해 줄 줄 아는 존재. 나에게는 그런 반려가 있다. 이 얼마나 크나큰 행운인가.

읽는 힘, 쓰는 힘

　신간 중 내가 기껍게 사서 읽는 분야는 음식과 나무에 관한 것이다. 음식을 만드는 일에서 행복을 느끼고, 나무를 통해 삶을 성찰하기 때문이다. 최근에 재미있게 읽은 음식 관련 책은 유재덕 씨가 쓴 『독서주방』이다.

　이 책은 '불과 칼 사이에서 따뜻한 책 읽기'라는 부제를 달고 있다. 27년 경력 호텔 셰프이자 웨스턴조선호텔 서울의 총괄 조리 팀장인 저자의 음식과 인생에 관한 사유가 뭉클하다. '요리는 특별한 것이지만, 음식은 위대한 것' '요리는 맛을 주지만, 음식은 생명을 주는 것', 이 말들의 참뜻을 헤아리게 된다.

　이렇듯 한 권의 책에 '요리사는 타인을 즐겁고 행복하

게 만드는 가장 도덕적인 직업'이라는 그의 요리 철학뿐 아니라 요리를 통해 나누는 따뜻한 가족애와 인간애도 잘 드러나 있다. 흥미로운 것은 저자가 요리를 통한 삶의 통찰을 얘기하는 도구로 삼은 것이 '책'이라는 사실이다. 그는 '불과 칼을 춤추게 하는 고난도 일과' 중에 독서를 욱여넣는 통과의례를 통해 『독서주방』을 탄생시켰다.

내가 이 책에서 감명 깊었던 건 당연히 자신의 일인 요리에 관한 유재덕 씨의 열정이다. 음식을 만드는 과정에서 그와 비슷한 행복을 만끽하는 나는 이 책의 수많은 페이지에 찬탄과 공감의 책갈피를 끼워 넣었다. 그러나 은근슬쩍 고백하자면 책에서 내가 가장 눈여겨본 건 그가 36년 만에 재회했다는 친구 출판평론가 김성신 씨의 존재다.

김성신 씨는 유재덕 씨에게 꾸준히 책 보따리를 가져다주며 무조건 읽으라고 강권한다. 유재덕 씨는 친구의 조언을 묵묵히 따른다. 그렇게 1년이 지난 어느 날 김성신 씨는 유재덕 씨가 신문에 칼럼을 연재할 수 있도록 돕는다. 그리하여 탄생한 책이 바로 『독서주방』이다.

결국 읽는 힘이 쓰는 힘을 낳는다.

시를 쓰는 한 친구와 늘 주고받는 이야기가 있다. 그건 '글 쓰는 힘'에 관한 것이다. 그 힘을 얻을 수 있는 건 바로 독서라고 우리는 입을 모은다. 두말할 필요도 없다. 농부에게 수확의 기쁨을 안겨 주는 씨앗과 같은 것이 글 쓰는 사람에게는 독서인 것이다.

나에게 3년째 글쓰기를 배우는 사람이 두 명 있다. 그들은 모녀다. 작가가 꿈이었던 엄마는 일상에 치여 포기했던 글쓰기를 다시 시작하는 데 의미를 두고 있다. 그이가 쓰는 수필은 한 편 한 편마다 소설 같은 이야기를 담고 있다. 그래서 수필로 글쓰기를 2년 이상 다진 근래에 와서 나는 그이에게 소설을 써 보라고 권했다. 그이도 이제 글 쓰는 일이 두렵지 않게 되었다며 소설 쓰기에 도전해 보겠다며 열의를 보인다. 그 달콤한 고통 끝에 맺히는 열매가 풍성하고 탐스럽기를!

그이의 딸은 애초부터 소설가가 되고 싶어 했다. 나는 과학 교사인 그이가 쓰고 싶어 하는 소설을 쓰도록 일 년 이상 내버려 두었다. 그이는 다양한 소재로 소설을 썼다.

체험이 뒷받침되는 소재는 아니었으나 일 년이 지나니 그이의 소설에 부족했던 뒷심이 생겼다. 그 뒤 나는 그이에게 자기가 경험한 걸 중심으로 소설을 써 보라고 권했다. 또 일 년이 흘렀다. 일 년 동안 나는 그이가 쓴 소설을 다른 소설가와 같이 읽었다. 일 년이 지났을 때 같이 읽은 소설가와 내가 나눈 대화는 이것이다.

"이제 한 단계만 뛰어넘으면 돼."

그 '한 단계'가 제일 지난한 과정이었고, 뛰어넘는 게 녹록하지 않았다. 소설을 쓰는 당사자도 고민하고, 나도 고민하고, 다른 소설가도 고민했다. 그 과정을 쭉 지켜보던 내가 어느 날 그이에게 말했다.

"시인의 눈을 가져요!"

그 말에 나는 아무런 토를 달지 않았다. 그이 스스로 그 말을 해독해서 소설 쓰기에 적용하도록 했다. 그랬더니 소설 습작 삼 년인 근래 와서 그이가 쓰는 매 편의 작품이 시적이고 감동적이다. 나와 함께 그이의 소설을 읽어주는 소설가도 말했다.

"그이는 좋은 소설가가 되겠어. 경험에서 비롯된 자기 세계가 있고, 소설의 리얼리티와 인물이 좋고, 소설적 미학도 있어."

모녀가 나에게 글쓰기를 배우고 싶다고 했을 때 나는 두 사람에게 '가르치겠다'는 생각은 하지 않았다. 애초에 그들에게도 솔직하게 말했다. 오규원 스승의 시 「프란츠 카프카」에 있는 시행 '시를 공부하겠다는 미친 제자'를 들먹이며 나에게 글쓰기를 '배운다'라는 생각은 하지 말라고 했다. 나는 그들이 글을 쓸 힘을 북돋아 줄 수 있을 뿐이라고 강조했다. 내가 함께하는 과정 중 가장 많이 했던 말은 '읽는 힘이 쓰는 힘을 낳는다.'였다.

나는 그들에게 한 달에 최소 세 권의 책을 읽힌다. 시집 한 권, 산문집 한 권, 소설 한 권. 그중 한 권으로 독후감을 쓰게 한다. 자기 가슴에 닿은 문장 다섯 개를 뽑아 따로 정리하게 한다. 수업 시간에도 시, 수필, 소설을 읽고 감상을 정리한다. 자신이 쓰지 않는 장르의 글을 읽는 것도 필력을 키운다고 믿기 때문이다.

나는 그들에게 체력 관리를 잘하라고도 당부한다. 산

책도 강조한다. 내 경우엔 한 권의 책을 집필하고 나면 원형탈모나 골반통증으로 병원 치료를 받았기 때문이다. 몸에 에너지가 없으면 글이 잘 풀리지 않는다. 컨디션이 안 좋거나 마음이 우울할 때도 마찬가지다. 그래서 글을 쓰려면 우선 잘 챙겨 먹고, 규칙적으로 운동하며 건강을 챙겨야 한다. 나는 종일 글을 쓸 때 한 시간마다 의자에서 일어나 짐볼을 이용한 운동을 하고, 문설주에 설치해 둔 철봉에 매달린다. 최근에 추가한 게 하나 있다. 그건 바로 눈 마사지이다.

일 년 가까이 매일 새벽 4시 30분에 일어나 노트북 앞에 앉아서 글쓰기를 했더니 눈에 탈이 났다. 안과에서는 결막염이라며 먹는 약과 안약을 처방해 줬는데, 스무날이 지나도 차도가 없었다. 그래서 대용량 마사지 크림을 사서 얼굴 마사지를 해 봤더니 이마, 눈썹, 눈 가장자리, 눈 밑에 엄청난 통증이 느껴졌다.

눈에 염증이 생겨서 눈이 뻑뻑한 게 아니라 눈 주변 근육이 굳어서 순환이 안 되어 눈이 불편해졌다는 결론을 내렸다. 그래서 약을 끊고 얼굴을 마사지한 뒤 빈 박카스 병에 뜨거운 물을 담아 다시 한번 눈 주위를 마사지했다.

그러던 어느 날 인터넷을 검색해 봤더니 눈을 따뜻하게 해주는 일회용 찜질팩이 있었다. 그걸 사서 썼더니 간편하고 좋았다. 눈을 마사지해주는 기계도 발견했다. 나는 그동안 모아뒀던 항공 마일리지로 눈 마사지기를 샀고, 눈이 확실히 편해졌다.

글 쓰는 실력은 오직 쓰는 행위를 통해서만 향상된다는 게 나의 지론이다. 백만 가지 생각을 머릿속에 갖고 있어도 그것을 글로써 형상화하지 않으면 아무 소용이 없다. 필력은 오로지 쓰는 행위를 통해서만 길러진다. 그래서 제자들에게 무조건 한 달에 한 편 이상 소설을 쓰게 한다. 문학청년 시절에는 하룻밤에 단편 하나는 완성해 내는 힘이 있어야 한다고 너스레를 떨기도 한다.

그러나 이 모든 일에 앞서 글을 쓰고자 하는 사람에게 제일 먼저 권하는 것은 한 권의 수첩을 장만하라는 것이다. 물론 요즘은 메모 기능을 가진 핸드폰도 있지만 나는 애착이 가는 수첩을 권한다.

한동안 미국 동부와 서부에 흩어져 사는 한국인 청년들에게 줌을 이용해 수필 쓰기를 강의한 적이 있다. 그때 제일 먼저 내어 준 과제도 떠오르는 단상을 메모할 수 있는 수첩을 한 권씩 장만하라는 것이었다. 그런데 캘리포니아에 사는 한 청년은 몇 주가 지나도록 나에게 자기 수첩을 보여주지 않았다. 그는 자신이 원하는 가죽 장정 수첩을 수제로 제작하는 중이었다. 그 열의에 나는 찬사를 보냈다.

 글을 쓰고자 하는 사람에게 메모는 굉장히 중요하다. 한 줄의 메모가 한 편의 작품을 탄생시키는 촉매가 될 수 있기 때문이다. 소설가 남궁순금의 경우 뒤적거리던 수첩에서 오래전 적어 뒀던 '바둑 두는 여자'라는 메모를 발견하고 그걸 제목으로 소설을 써 신춘문예에 당선했다고 한다.

 문득 떠오르는 단상을 메모할 때는 그것만 적어둬도 좋다. 그러나 피어나는 꽃, 하천에서 발견한 초록뱀과 같은 내용을 메모할 때는 연월일과 날씨도 적어 두는 게 좋다. 그렇게 해야 글을 쓸 때 비교적 적확한 묘사를 할 수 있기 때문이다. 메모하는 습관은 사소한 아름다움도 놓치지 않는 눈을 갖게 한다.

"눈이 안 좋아서 책을 못 읽어!"

　이런 말을 하는 이들에게 나는 이북(eBook)을 권한다. 물론 종이책을 읽을 때의 정서를 느끼지 못할 수 있다. 새 책 냄새를 맡는 쾌감이 없고, 낡은 책의 갈피를 조심스럽게 넘길 때의 떨림도 없다. 마음대로 밑줄 긋고 감상을 펜으로 메모할 때 종이의 사각거림을 들을 수도 없다. 그래도 나는 이북을 즐겨 읽는다. 아니, 즐겨 듣는다. 이북은 소리책 기능도 갖추고 있기 때문이다. 나는 산책하러 갈 때 헤드셋을 쓰고 핸드폰의 이북 앱을 열어 읽을 책을 클릭한다. 그러면 오롯하게 책에 집중할 수 있다.

　다양한 형태로 책을 접할 수 있는 시대이다. 큰 글자 책도 있다. 꼭 종이책만을 고집할 필요는 없을 터이다. 마음만 먹는다면 얼마든지 어떤 형태로든지 독서가 가능하다. 누구든 글을 쓰고자 한다면 반드시 읽는 것부터 시작하라고 강권하고 싶다.

　읽는 힘이 쓰는 힘을 낳는다.

연애소설 쓰고 있어요

"오빠, 일 그만두라고 할까?"

황반변성으로 눈 수술을 받고, 어깨와 허리 통증으로도 통원 치료를 받는 오빠를 두고 내가 여동생에게 말했다. "그러게. 연금 받는 게 있고 주택 연금도 신청하면 그걸로 충분히 여유 있게 살 수 있을 거 같은데?" 동생과 의논 끝에 나는 세 살 많은 오빠에게 그 얘기를 했다. "한번 생각해 볼게." 그걸로 끝이었다. 그러면서 오빠는 덧붙였다.

"일 안 하고 놀면 너무 무료할 거 같아."
"그럼, 오빠, 좀 살살해. 온몸을 던지지 말고."
"알았어, 알았어."

지금 오빠는 정년퇴임 뒤 모 불교문화센터 건물을 관리하는 일을 하고 있다. 신임하는 오빠에게 그 일을 맡기기 위해서 센터에서는 소방관리사 자격을 따라고 했었다. 밤낮으로 공부하던 중 오빠는 눈에 이상이 있다는 걸 발견했다. 수술을 받았다. 새 삶을 위해 공부를 시작하지 않았더라면 서서히 눈이 멀었을 터인데 다행히 실명은 면했다. 우린 부처님의 가호라고 입을 모았다.

오빠가 일하는 불교문화센터는 주차장이 운동장만큼 넓다. 그래서 나는 폭설이 내릴 때마다 걱정이 태산이다. 솔선수범하는 성정의 오빠가 그 눈을 다 쓸어야 하니 나는 아들을 갓 군대에 보낸 어미 심정이 된다. 그래서 눈 내리는 날의 정서를 한껏 즐기지 못한다. 오빠는 한시도 가만히 있지 못하고 몸을 움직이는 성정을 지녔다. 그러니 몸과 마음을 쓰는 일을 그만두고 집에만 있으면 우울증이 생길지도 모른다. 이제는 오빠에게 걱정한답시고 미주알고주알 하지 않을 생각이다. 일이 오빠 삶에 활력이 되니 말이다.

"너는 평생 할 수 있는 일이 있으니 얼마나 좋니?"

사랑의 각도

몇 년 전 초등학교 교사로 근무하다 퇴임한 친구가 나에게 했던 말이다. 그 친구는 내가 사람들에게 글쓰기를 가르치고, 도서관에서 강의도 한다고 그렇게 말한 것이다. 친구들 대부분이 은퇴자의 여정을 시작한 시점에 나는 아직도 경제활동을 한다.

나에게 배우기를 원하는 사람들에게 글쓰기를 가르치고, 도서관, 노인복지관, 학교에도 가끔 출강한다. 그때마다 보람을 느낀다. 글 쓰는 행위를 통해 자기 삶을 긍정적으로 변화시키는 사람들을 볼 때 나는 행복하다. 한 편의 시를 읽고 감상을 육화해서 말하는 어르신들을 볼 때는 가슴이 뭉클하다. 고등학교의 위기클래스 학생들이 자기 이야기 쓴 글을 낭독할 때는 뿌듯하다. 글 쓰는 사람인 나로서는 글로써 삶을 탄탄히 다지는 사람들을 만나는 일이 그저 기쁠 따름이다.

대부분의 동료 예술가가 그렇듯 나 역시도 경제적으로 풍족하지 못하다. 나머지는 다 풍족하다고 여긴다. 이를테면 친구, 감성, 공감 능력, 기억력 같은 것들 말이다. 그러나 삶을 늘 여러 각도로 모색하다 보니 아직 철들지 못한 듯도 하다.

"이렇게 현실감각이 없는 사람하고 얘기를 하고 있다니……."

얼마 전 세 살 아래 여동생과 대화 중에 들은 말이다. 동생 말대로 어떤 의미에서 내가 현실감각이 없는 건 사실이다. 며칠 전에는 재미 삼아 인터넷에 떠도는 정신연령 테스트를 해봤다. 그림을 보고 동물을 찾는 것이었는데 내 눈에는 그림 속 동물이 여섯 마리로 보였다. 그런데 그 숫자의 동물을 본 사람의 정신연령은 '어린이'라고 나왔다. 나는 피식 웃었다. 틀린 말 같지 않았기 때문이다.

내가 북카페를 운영할 때의 일이다. 손님이 돈을 선불로 주면 선불로 받고, 후불로 주면 후불로 받았다. 후불로 받을 때가 늘 문제였다. 커피를 비롯한 음료를 대여섯 잔씩 만들어 주고 나서도 손님에게 돈을 달라고 말하지 못했기 때문이다. 물론 손님은 돈을 선불로 냈다고 착각했을 터이다. 그들이 출입문 밖에 나가서 동료를 기다리고 있을 때도 나는 그 사람에게 가서 커피값을 달라는 말을 꺼내지 못했다. 그런 일이 숱하게 많았다.

미국에서 귀국한 딸이 어쩌다 카페에 와서 내 일을 거

들 때가 있었다. 그때 딸은 손님이 오면 내 옆구리를 쿡쿡 찌르며 말했다. "엄마, 돈부터 받아, 돈부터!" 한 선배 시인에게 그 얘기를 했더니 그이가 그랬다.

"선희 씨는 안 그럴 거 같은데……."

선배 눈에는 내가 매사에 똑 부러질 것 같았던 모양이다. 그런데 눈앞에 있는 상대에게 물건을 팔고 돈을 건네받는 일이 나에게는 엄청나게 어려웠다. 그러니 늘 쪼들린다. 아직도 몸을 움직이며 생업에 매달린다.

"너무 애쓰지 마!"

노년을 경제적으로 풍요롭게 보내는 한 친구가 나에게 자주 하는 말이다. 그이 눈에는 동갑내기인 내가 매일 분주하게 사는 모습이 좀 안쓰러운 모양이다. 자주 만나지 못해 섭섭하기도 했을 테다. 물론 나도 '애쓴다'라는 말의 뜻처럼 '마음과 몸의 수고로움' 같은 건 나 몰라라 하고 싶다. 매 순간을 유유자적 살고 싶다. 생업을 내팽개치고 저 먼 나라로 떠나 여유롭게 안식월이나 안식년을 즐기고 싶다. 누군들 그런 삶을 살고 싶지 않으랴!

나는 여전히 애쓰며 산다. 애쓰지 않고 살아도 될 만큼 풍요롭지 않기 때문이다. 읽고 또 읽어도 읽고 싶은 책은 산더미처럼 쌓여 있고, 쓰고 또 써도 쓰고 싶은 이야기가 포화상태다. 그러니 새벽마다 일어나 글 쓰고, 책 읽고, 밥벌이 되는 일거리를 찾아서 하고, 또 한다. 나는 동분서주하며 사는 게 나쁘지 않다. 이런 나를 두고 선배 시인이 나에게 물은 적이 있다.

"선희 씨는 어떻게 그토록 젊게 살아?"
"아마도 제가 하고 싶은 게 많아서 그런 거 같아요."

그렇다. 나는 아직도 꿈이 많다. 큰 것부터 작은 것까지 다양하다. 책 읽고, 여행하고, 글만 쓰며 살고 싶은 게 제일 큰 꿈이다. 그런데도 매일매일 새로운 꿈이 생긴다. 내 꿈의 목록은 자꾸만 길어진다. 그러니 나는 삶을 뜨겁게 껴안고 열정적으로 살 수밖에 없는 것이다.

나는 육신과 정신이 고착화되지 않도록 무던히 애를 쓴다. 그래서 늘 몸을 움직이고, 사색하고, 독서하고, 글을 쓴다. 새롭게 출시되는 유용한 앱들을 생활화하고, 편리한 전자기기들을 자유자재로 다룰 수 있도록 무던히 노력한다. 그 덕을 톡톡히 본 일도 있다.

폭설이 내린 뒤였다. 옥외 계단에 블랙아이스(Black Ice)가 생긴 줄 모른 채 쟁반에 물건을 담아 들고 2층에서 1층으로 내려가던 나는 미끄러져 나뒹굴었다. 그때 손목에 차고 있던 애플워치가 요란한 경보음을 냈다. 경고음 덕분에 정신 차리고 보니 다행히 팔다리가 부러지진 않았다. 머리에 큼직한 혹이 나 있었으나 출혈은 없었다. 등짝과 엉덩이에 시퍼런 멍이 든 건 나중에 발견했다. 똑똑한 기능을 갖춘 전자기기가 무척 고마웠다.

내가 앉아서 글 쓰는 일에 골몰할 때도 그 기기는 50분마다 나에게 알려준다. "일어설 시간입니다" 똘똘한 기기를 엄마의 취향을 존중해 생일 때 선물해 준 아들과 딸의 배려가 정말 고맙다.

나는 시대의 변화를 적극적으로 받아들이며 산다. 유행을 모르는 사람이 되지 않으려고 애쓴다. 그런 내가 어린 조카들 눈에도 꽤 튀었나 보다. 얼마 전 엄마 장례식을 끝냈을 때였다. 조카가 내가 입은 검정 맨투맨을 유심히 보며 물었다. 구멍이 여러 개 뚫려 피부가 드러나는 옷이었다.

"고모, 이 옷 원래 구멍이 뚫린 거예요?"
"응. 원래 이런 옷이야. 서울 가려고 차려입고 있다가 할머니 부고를 받아서 옷을 갈아입을 경황이 없었지."
"우리 중에서 고모가 제일 트렌디(Trendy) 해요!"

나는 언제나 꿈을 꾸며, 감각적으로 매 순간을 살고 싶다.

사랑의 각도

사랑의 각도

초판 1쇄 발행 2025년 9월 9일

지은이 양선희

펴낸이 김명숙
펴낸곳 나무발전소
디자인 ALL design group

주소 03900 서울시 마포구 독막로 8길 31, 701호
이메일 tpowerstation@hanmail.net
전화 02)333-1967
팩스 02)6499-1967

ISBN 979-11-94294-17-7 03810

※ 보호를 받는 저작물이므로 무단 전재와 복제를 금합니다.
※ 책값은 뒷표지에 있습니다.

본 사업은 원주문화재단의 2025년 문화예술지원사업으로 추진하는 사업입니다.